HAZELDEN MEDITATIONSBUCH

Ruth Baetz

FRIEDEN FINDEN IN DER NATUR

Der Weg zur inneren Balance

Ins Deutsche übertragen
von Gabriel Stein

WILHELM HEYNE VERLAG
MÜNCHEN

Die Originalausgabe erschien 1997 unter dem Titel
WILD COMMUNION. *Experiencing Peace in Nature*
bei Hazelden, Center City, Minnesota, USA

Umwelthinweis:
Dieses Buch wurde auf chlor-
und säurefreiem Papier gedruckt.

2. Auflage

Umschlaggestaltung: Martina Eisele, München
Umschlagfoto: Pal Hermansen/Tony Stone Bildagentur
Satz: L. Leingärtner, Nabburg
Druck und Bindung: RMO-Druck, München
Printed in Germany

ISBN 3-453-17297-3

Dieses Buch ist Rachel Carson gewidmet –
ihr Mut und ihre Leidenschaft für die Natur
haben uns alle tief berührt.

Offenbar habe ich nie klargemacht, daß ich meine Beiträge zur Wissenschaft für viel weniger wichtig halte als meine Versuche, eine emotionale Reaktion auf die Welt der Natur wachzurufen.

Rachel Carson

INHALT

Einleitung 11

1 Mit der Natur kommunizieren 23

2 Sich vorbereiten 46

3 Sich eingewöhnen 73

4 Die Stille benutzen 98

5 Die passenden Wörter benutzen 128

6 Mantras benutzen 146

7 Nähe herstellen 171

8 Natürliche Vorbilder benutzen 194

9 Sich mit der Natur identifizieren 211

10 Das Wesen erfassen 237

11 Heimkehren 255

Epilog 269

Anmerkungen 283

Danksagung 294

EINLEITUNG

Besteige die Berge und empfange ihre guten Botschaften. Der Friede der Natur wird in dich einströmen wie der Sonnenschein in die Bäume. Die Winde werden ihre Frische, die Stürme ihre Energie in dich hinein wehen, während die Sorgen von dir abfallen wie Herbstblätter.

John Muir

Als ich dreiunddreißig wurde, beschloß ich, etwas zu tun, was ich noch nie getan hatte. Ich nahm mir vor, allein in die kanadischen Rocky Mountains zu fahren.

Mein ganzes Leben lang war ich ein Großstadtkind gewesen. Aufgewachsen bin ich in Chicago, wo die freie Natur aus einem Baseballfeld bestand und das »Dschungelspiel« darauf hinauslief, zwischen den Abfalleimern in der Gasse hin und her zu schleichen. Später dann, als Erwachsene, war ich Sozialarbeiterin im Rahmen eines Wohnungsbeschaffungsprogramms und Therapeutin mit einer Privatpraxis. In der Freizeit besuchte ich fast nur

Bürgerversammlungen und politische Veranstaltungen. Ich hatte nicht viel Zeit für die »frohe Botschaft« der Berge.

Doch zur Feier meines dreiunddreißigsten Geburtstages sehnte ich mich nach einem Abenteuer, und mein erster Solo-Campingtrip mit dem Auto eignete sich bestens dafür. Ich packte Lebensmittel und Bücher für drei Monate ein, obwohl meine Reise nur drei Wochen dauern sollte. Besorgt dachte ich an Bären, mögliche Reifenpannen und rutschige Felsen. Als ich schließlich das Haus verließ, glaubte ich, für alles gerüstet zu sein. Aber das stimmte nicht. Ich war nicht auf die Glückseligkeit vorbereitet.

Dieses Gefühl hatte ich noch nie empfunden. Bisher war ich froh, entzückt oder aufgeregt gewesen. Doch die Glückseligkeit eröffnete eine neue emotionale Dimension; sie lag außerhalb meiner inneren Richterskala.

In den kanadischen Rocky Mountains wallten jeden Tag freudige Regungen und tiefgreifende Einsichten in mir auf. Ständig war ich überwältigt vom Wunderbaren. Ich brauchte mich nur an eine einsame Stelle auf einer Blumenwiese oder an einem Gletscherteich zu begeben, und schon durchströmte mich eine unbeschreibliche vibrierende Energie.

Als das Ende meiner Reise näher rückte, war ich betrübt. Wie konnte ich in mein Stadtleben zurückkehren? Wie sollte ich auf diese Ekstase verzichten? Ich fühlte mich wie der Patriarch in James Micheners Roman *Die Quelle*, der nach der Aufforderung, die Wüste zu verlassen, noch sechs Jahre dort bleibt, weil er fürchtet, den Kontakt zu seinem Gott, El-Shaddai, zu verlieren:

»El-Shaddai!« rief der Patriarch gequält…

»Werden wir dich in der Stadt genauso erkennen wie in der Wüste?«

»Innerhalb der vier Wände wird es mir nicht leichtfallen, mit dir zu sprechen«, antwortete die Gottheit, »aber ich werde dasein.«

Ich versprach mir herauszufinden, wie ich eine tiefe Beziehung zur Natur in der Nähe meines Zuhauses herstellen könnte. Sicherlich gab es eine Möglichkeit, in der Stadt zu leben und dennoch die Ekstase zu empfinden.

Selbstverständlich war es leichter, dieses Versprechen zu geben, als es auch zu halten. In meinem Alltag mußte ich mich mit zahlreichen Hindernissen auseinandersetzen, die den Kontakt zur Natur vereitelten: etwa mein Arbeitsplan oder meine Schuldgefühle, wenn ich »unproduktive« Stunden im Freien verbrachte. Selbst wenn ich es schaffte, in einen Park oder auf einen Wanderweg zu gehen, konnten die stillen Wunder der Natur in dieser kurzen Zeit nur selten die Gedanken durchdringen, die mir durch den Kopf jagten. Ich war öfter frustriert und enttäuscht als in Hochstimmung.

Mir wurde klar, daß ich bei meinen Streifzügen durch die Natur zielstrebiger verfahren mußte. Ich durfte nicht nur dasitzen und hoffen, genauso zu entschweben wie in den Rocky Mountains. Die Aufgabe bestand darin, Methoden zu entwickeln, durch die ich in einem städtischen Park meine Sorgen vergessen und mit der Natur schnell in Verbindung treten konnte – trotz der begrenzten Zeit. Und ich mußte mir etwas ausdenken, um meine Beziehung zur Natur zu intensivieren, wenn ich mich übers Wochenende in einem Nationalpark aufhielt, damit ich diese profunderen Erfahrungen gleichsam als Prüfsteine mit nach Hause nehmen konnte.

Ich fing an zu experimentieren. Als Therapeutin machte ich mir die Techniken der Psycho-, Hypno- und Entspannungstherapie zunutze, die ich von meiner Praxis her kannte. Als Anhängerin der Meditation und der Spiritualität griff ich auf meditative Techniken zurück. Und als körperbehinderter Mensch setzte ich jene Fähigkeit ein, die aus der Beschränkung resultiert: nämlich immer wieder zu vereinfachen. Alles mußte so leicht und schnell wie möglich geschehen, weil ich manchmal nicht weit gehen oder lange sitzen kann. Dem fügte ich eine gehörige Dosis Ausdauer hinzu und die Bereitschaft, unorthodox zu sein.

Ich kommunizierte mit der Natur und schrieb in mein Tagebuch. Dabei stellte ich fest, daß diese Eintragungen ein wesentlicher Bestandteil des Prozesses sind: Wenn ich mir während des Zwiegesprächs Notizen mache, hilft mir der Akt des Schreibens, mich auch weiterhin auf die jeweilige Erfahrung zu konzentrieren. Dadurch kann ich einzelne Aspekte meiner inneren Reaktionen festhalten, die ich sonst vergessen würde. Und selbstverständlich kann ich anhand dieser Aufzeichnungen genau untersuchen, welche Techniken am nützlichsten sind. Das Resultat meiner Experimente aus vierzehn Jahren liegt in Ihren Händen: *Frieden finden in der Natur – Der Weg zur inneren Balance.*

Im Laufe der Jahre wurde mir bewußt, daß das Zwiegespräch mit der Natur nicht nur dazu dient, ein plötzliches Glücksgefühl zu erfahren. Manchmal empfinde ich dabei auch eine tiefe Gelassenheit und eine sanfte Verbundenheit. Dann wieder lerne ich eine dringend notwendige Lektion, ob sie nun tröstlich oder schmerzlich ist. Und in gewissen Augenblicken fungiert das Zwiegespräch auch als Katalysator für eine grenzüberschreitende, mystische Vereinigung mit dem Universum, die so beängstigend wie rauschhaft ist.

Man kann diese Kommunikation auch als geistige Übung begreifen, als Mittel, die Gedanken zu sammeln. Man kann sie auch einfach nutzen, um den Streß zu reduzieren und das Wohlbefinden zu steigern. Ein Artikel im Magazin *McCall's* berichtet über die Vorteile:

Das Bedürfnis, mit der Natur zu kommunizieren, ist nach Auffassung einiger Psychologen derart tief in uns verwurzelt, daß der Kontakt mit der freien Natur für unsere Gesundheit genauso wichtig ist wie enge persönliche Beziehungen zu den Mitmenschen … »Nach unseren Untersuchungen hat sich die natürliche Umwelt als wirksamster Rahmen erwiesen, mentale Erschöpfungszustände zu lindern«, sagt Kaplan [ein Psychologe an der Universität Michigan] … »Wenn die Gedanken müde umherschweifen, stimuliert der bloße Blick nach draußen auf eine Baumgruppe den Geist mehr als eine Tasse Kaffee oder ein Schokoriegel.«

Die Herausgeber des wissenschaftlichen Sammelbandes *The Biophilia Hypothesis* (Die Hypothese vom Vorrang des Lebendigen) vertreten die Ansicht, daß wir für unsere geistige und körperliche Gesundheit eine intensive Beziehung mit der Natur brauchen, weil sich die Menschheit inmitten eines komplexen Naturgewebes entwickelt hat. Darum hängt die Entwicklung unseres Nervensystems von dieser Beziehung ab. In seinem Aufsatz mit dem Titel *Can One Love a Plastic Tree?* (Kann man einen Plastikbaum lieben?) schreibt H. Iltis im genannten Band: »... irgendwann werden wir die komplizierten neurologischen Grundlagen entdecken, warum uns ein Blatt oder eine schöne Blume völlig anders berühren als eine zerbrochene Bierflasche.«

Vielleicht stellt die innige Kommunikation mit der Natur ein Mittel dar, nicht nur unser persönliches Leben, sondern auch die moderne ökologische Bewegung in spiritueller, emotionaler – und sogar in mystischer – Hinsicht zu bereichern. Auf diese Weise erhalten unsere vom Verstand gesteuerten Handlungen eine neue Prägung. Eben das hat der radikale Philosoph Alan Watts im Sinn, wenn er schreibt: »Wenn die Wissenschaft tatsächlich zu unserer Befreiung führen soll, muß ihre theoretische Weltsicht in eine emotionale übersetzt werden.« Und der amerikanische Vizepräsident Al Gore zeigt in seinem Buch *Wege zum Gleichgewicht* zahlreiche Möglichkeiten auf, wie jeder einzelne einen Beitrag leisten kann, um die globale Umweltkrise zu überwinden. Er betont: »Vor allem aber muß jeder von uns sein eigenes

Verhältnis zur Natur definieren und auf der tiefsten Ebene persönlicher Integrität die Verbindung mit ihr erneuern.«

Frieden finden in der Natur ist sowohl ein Leitfaden als auch ein Buch über das geistige Abenteuer. Jedes Kapitel enthält einfache Methoden, die Sie sofort anwenden können, sowie Eintragungen aus meinen Tagebüchern, die Ihnen ein Gefühl dafür vermitteln, was die jeweilige Methode bewirken kann. Keine dieser Übungen erfordert eine Ausrüstung oder bestimmte Vorkenntnisse. Am Ende jedes Kapitels werden die Methoden in Stichpunkten zusammengefaßt, damit Sie Ihr Gedächtnis mühelos auffrischen können.

Nehmen Sie dieses Buch mit, wenn Sie in den Wald oder in einen städtischen Park gehen. Ob Sie einen ganzen Tag lang wandern oder eine halbe Stunde in Ihrem Rollstuhl sitzen – die Ergebnisse werden überwältigend sein.

Lesen Sie diese Seiten im Wohnzimmer, bevor Sie Ihren arbeitsreichen Tag beginnen, um den Frieden der Natur in Ihr tägliches Leben zu integrieren. Oder lesen Sie das Buch abends im Bett. Eine meiner Freundinnen hat *Frieden finden in der*

Natur immer auf dem Nachttisch liegen und liest vor dem Einschlafen ein oder zwei Seiten. Sie sagt, daß sie dann angenehme Träume habe.

Obwohl der Kontakt zur Natur in der Abgeschiedenheit am leichtesten herzustellen ist, kann man ihn doch auch im Beisein anderer Menschen pflegen. Ich habe die meisten der in diesem Buch genannten Methoden auch meinen Freundinnen und Freunden beigebracht. Einige ihrer Reaktionen werden Sie in den Tagebucheintragungen wiederfinden. Der intensive Austausch mit Freunden ist eine großartige Möglichkeit, etwas zu lernen und eine Beziehung zu vertiefen.

Nehmen Sie sich die Freiheit, alle Übungen und meine Terminologie so abzuändern, daß sie Ihrem Stil entsprechen. Einiges von dem, was ich tue, wird Ihnen ungewohnt erscheinen; lassen Sie sich durch meine Bereitschaft, bis zum äußersten zu gehen, dazu inspirieren, ebenfalls unkonventionell zu sein. Sie haben die Chance, Ihre Kreativität völlig frei zu entfalten.

In den kanadischen Rocky Mountains etwa bezeichnete ich die Energie, die ich überall pulsieren fühlte, als »die Lebenskraft«. Wenn ich mit der

Natur kommuniziere, spreche ich manchmal mit dieser Kraft oder über sie. Falls der Ausdruck Ihnen seltsam vorkommt, so wählen Sie einen, der Ihnen vertrauter ist.

Seien Sie nicht überrascht, wenn Sie das Buch nicht in einem Zug durchlesen können. Jeder Tagebucheintrag führt Sie in eine Erfahrung, die emotionale und sinnliche Reaktionen hervorruft. Sie lernen besser und haben mehr Freude, wenn Sie langsamer machen und Ihren Körper fühlen lassen, was ich beschreibe. Vielleicht beenden Sie nicht jeden Tag ein Kapitel, aber Sie verfügen über sinnliche Erinnerungen, von denen Sie profitieren können, sobald Sie in der freien Natur sind und sich vergegenwärtigen möchten, wie man mit ihr spricht.

Gleiten Sie also entspannt in die Kapitel hinein. Lassen Sie zu, daß diese Kapitel Ihr tägliches Leben fördern und erhellen, daß sie Ihnen helfen, eine tiefe, dauerhafte Liebesbeziehung zur Erde aufzubauen.

Ich wünschte, ich könnte aus dieser Schule rausgehen und mich an einem Ort wiederfinden, wo es keine Weißen und keine Schwarzen gibt, wo es überhaupt keine Menschen gibt! Ich meine: einen Ort, wo ich einfach nur still dasitzen und meine Gedanken ordnen kann; einen Ort, wo ich immer weiter gehen könnte – auf Gras, und nicht auf Zement, zwischen all den Scherben und Abfällen.... Nachts, manchmal, wenn ich wirklich bedrückt bin, steige ich die Treppen zu unserem Dach hinauf, schaue zum Himmel auf und sage: »Hallo, du da draußen, du Mond mit all deinen Babys – den Sternen!« Ich bin albern, ich weiß, aber da oben habe ich das Gefühl, daß ich anhalten und darüber nachdenken kann, was mit mir los ist – das ist der einzige Ort, wo ich das kann, wirklich der einzige.

Zitat einer zwölfjährigen afroamerikanischen Schülerin aus einem Bostoner Ghetto, die – um Rassentrennung zu verhindern – jeden Tag mit dem Bus in eine zuvor nur von Weißen besuchte Schule befördert wird.

(Aus: *The Geography of Childhood*)

In diesem Kapitel erhalten Sie einige praktische Tips, die das Zwiegespräch mit der Natur erleichtern, ganz gleich, wo Sie gerade sind.

1
MIT DER NATUR KOMMUNIZIEREN

Was unterscheidet die Betrachtung eines Baumes von der Zwiesprache mit ihm? Es ist, als habe der Religionsphilosoph Martin Buber genau diese Frage beantworten wollen, als er in seinem Buch *Ich und Du* schrieb:

Ich betrachte einen Baum.

Ich kann ihn als Bild aufnehmen … Ich kann ihn als Bewegung verspüren … Ich kann ihn einer Gattung einreihen … Ich kann ihn zur Zahl, zum reinen Zahlenverhältnis verflüchtigen und verewigen …

Es kann aber auch geschehen, aus Wille und Gnade in einem, daß ich, den Baum betrachtend, in die Beziehung zu ihm eingefaßt werde, und nun ist er kein Es mehr.

Sobald ich mit einem Baum kommuniziere, trete ich zu ihm in Beziehung. Buber würde sagen: Ich gehe von einer »Ich-Es-Beziehung« über zu einer »Ich-Du-Beziehung«, in welcher Ich und Baum gleichwertig sind.

Sobald ich kommuniziere, bezeuge ich »die Intelligenz in jedem lebendigen Gegenstand«, wie Deepak Chopra sagt. Ich empfinde Achtung und Zärtlichkeit und Heiligkeit. Zwischen mir und dem Baum findet ein Austausch statt. Ich fühle mich zu Hause.

Dieses Zwiegespräch berührt sämtliche Facetten eines Menschen. Es umfaßt Vernunft und Gefühl, Körper und Geist.

Ich habe für dieses Buch gewisse Methoden der Kommunikation entwickelt, weil es mir draußen in der freien Natur schwerfiel, mit ihr in eine Ich-Du-Beziehung zu treten. Doch mehr noch als alles andere brauchte ich deren heilsame Kraft im täglichen Leben.

Wie die meisten Menschen können auch Sie

wahrscheinlich nur relativ wenig Zeit in der freien Natur verbringen. Wenn Sie also eine tägliche – oder auch nur eine wöchentliche – Beziehung zur Natur haben möchten, wird sie sich größtenteils in der Nähe Ihres Zuhauses abspielen. Leider ist das moderne Leben nicht so eingerichtet, daß sie leicht zustande kommt.

Natürliche Areale sind oft klein, an lauten Autobahnen gelegen oder voller ausgelassener Kinder. Und wenn Ihre Stadtverwaltung nicht gut vorgesorgt hat, müssen Sie sogar ein ganzes Stück weit hinausfahren, um dorthin zu gelangen.

Die heutigen Terminkalender sind zu überfüllt, um für das Zwiegespräch mit der Natur Raum zu lassen. Wie bei jeder geistigen Übung oder sportlichen Betätigung muß man sich die erforderliche Zeit einfach nehmen; sie fehlt dann eben bei der langen Liste der sonst zu erledigenden Aufgaben. Die neuesten Freizeitvergnügen verlangen mit viel mehr Nachdruck unsere Aufmerksamkeit, als die Kommunikation mit der Natur es je könnte. Sie hat keine Werbeabteilung.

Geistige oder kontemplative Übungen sind nicht Bestandteil des allgemeinen Dialogs, wie er heute stattfindet. Die Freunde fragen einen, welche Filme man gesehen hat – und nicht, wo man zuletzt mit der Natur in Kontakt kam.

Die modernen Beschäftigungen und Hausarbeiten erfordern Schnelligkeit, Effizienz und logisches Denken. Die Frage lautet immer: »Wieviel schaffst du?«, und nicht »Wie friedlich und wie tief ist deine Beziehung zur Natur?«

Folglich ist diese Kommunikation stets ein individueller Akt, der auf Disziplin und Leidenschaft beruht. Der Drang kommt von innen, die Zeit ergibt sich durch Entschlossenheit, und passende Orte entdeckt man aufgrund konzentrierter Suche.

Bevor ich bestimmte Übungen für ein intensives Wechselverhältnis mit der Natur beschreibe, möchte ich Ihnen einige praktische Tips geben. Als ich in meinem Alltag damit begann, mußte ich mir klarmachen, welche Zeiten sich am besten dafür eigneten (und sie manchmal sogar in meinen Tagesplan eintragen). Ich mußte die passenden Orte ausfindig machen und sicherstellen, daß ich mich sicher fühlte; und ich mußte herausfinden, was ich mitnehmen mußte, um Wohlbehagen zu verspüren.

Die Qualität Ihrer Kommunikationserfahrung mit der Natur hängt oft davon ab, welchen Zeitpunkt Sie dafür wählen. Die Spielwiese, die mittags von vielen Kindern aufgesucht wird, kann in der Morgen- oder Abenddämmerung völlig leer sein. Die Weide, die mittags häßlich ist, übt vielleicht bei Sonnen- oder Mondaufgang eine faszinierende Wirkung aus. Und unter Umständen erscheint Ihr vernachlässigter Garten um Mitternacht in geheimnisvollem Glanz.

Die Zeit zwischen Abend und Morgen bietet normalerweise mehr natürliche Geräusche, größere Ruhe und ein langsameres Tempo. Es sind weniger Menschen unterwegs, und man kann sich besser zurückziehen. Sobald der Abendhimmel dunkler wird, können Sie selbstvergessen über die Schönheit eines Baumes lächeln, dessen Äste und Blätter der Wind bewegt, und niemand wird Sie dabei sehen oder stören.

Die Wochenmitte ist ebenfalls ein guter Zeitraum, um in öffentlichen Parks Ruhe zu finden. Leute, die sich ihre Arbeit frei einteilen können, sind da natürlich im Vorteil. Ich habe meinen Terminplan so eingerichtet, daß ich auch an Sonntagen und Abenden arbeite. Dadurch erhalten meine Klienten Termine, die für sie günstig sind, und ich kann mitten in der Woche, wenn die meisten ihrer Arbeit nachgehen, mit der Natur kommunizieren. Schulbusfahrer und Mütter, die zu Hause bleiben, verleben vielleicht friedliche Mittage; Kellner, Krankenschwestern und Polizisten haben oft wechselnde Dienstpläne, die ihnen unter der Woche freie Zeit bescheren. Einige verpflichten sich auf einen Zehnstundentag, um dafür zwischendurch einen ganzen Tag freizuhaben. Machen Sie sich jede Flexibilität im Terminkalender zunutze, um die natürlichen Oasen in der Umgebung dann aufzusuchen, wenn dort weniger Andrang herrscht.

Bei schlechtem Wetter entdecken Sie oft eine tiefe Stille und atemberaubende Schönheit. Das Arboretum ist leer, wenn Stürme toben, und der freie Platz am Ende des Häuserblocks ist verwaist, sobald der Regen seine Sinfonien vernehmen läßt. In warmer, wasserundurchlässiger Kleidung können Sie auf äußerst angenehme Weise mit der Natur kommunizieren, während sich Ihre Nachbarn in den Häusern aufhalten. Falls der Mantel nicht genügend Schutz bietet, gestatten Ihnen Vorbauten und Unterstände, die Geräusche und Gerüche des Regens aufzunehmen. Dieses Zwiegespräch nach einem heftigen Schauer, wenn das Gras immer noch naß ist und die Bäume triefen, beschenkt Sie mit einem wahren Feinschmecker-büfett köstlicher Düfte, an dem sich nur wenige Menschen laben. Und auch der Nebel, der einen beliebten Aussichtspunkt umhüllt, vermittelt das Gefühl von Abgeschiedenheit und sanfter Magie.

Gehen Sie außerhalb der Saison auf Reisen. Das heißt nicht, daß Sie mitten im Winter fahren müssen. Das Arboretum im Washington Park von Seattle ist im Hochsommer am leersten. Dagegen ist der Park überlaufen, sobald die Frühjahrsblumen blühen oder die Herbstfarben leuchten. Im Sommer ist er einfach nur grün, und die meisten Menschen sind auf Camping- oder Besichtigungstouren.

Der Frage nach dem richtigen Zeitpunkt hängt auch mit Ihrer körperlichen Verfassung zusammen. Noch nach vierzehn Jahren fällt mir das Zwiegespräch mit der Natur schwer, wenn ich zu müde oder zu hungrig bin, wenn mir zu warm oder zu kalt ist, wenn ich mich unwohl fühle. Ein Yogi mag selbst nach mehreren Tagen des Fastens fähig sein, auf einem Nagelbett zu meditieren, ich aber nicht. Deshalb empfehle ich Ihnen, zuallererst einmal auf die Bedürfnisse Ihres Körpers zu achten.

Der passende Ort

Geeignete Stellen für die Begegnung mit der Natur zu finden, erfordert etwas Zeit, ein gewisses Maß an Kreativität und einen Sinn für Abenteuer. Wahrscheinlich werden Sie die Kommunikation regelmäßig betreiben, wenn die grünen Oasen in wenigen Minuten zu erreichen sind; beginnen Sie also Ihre Suche entlang den gewohnten Routen. Welche Parks oder unberührten Gegenden liegen in der Nähe Ihres Zuhauses, Ihres Arbeitsplatzes, Ihres Lebensmittelladens, der Wohnung Ihres besten Freundes, Ihrer Buchhandlung?

Anfangs erfordert die Suche nach solchen Orten einige Ausdauer, und der eine oder andere Fehlschlag ist nicht zu vermeiden. Der scheinbar einsame Hohlweg etwa ist in Wirklichkeit ein mit Stechmücken verseuchter Morast, oder hinter den Bäumen herrscht stärkerer Autoverkehr, als Sie ertragen können. Doch nach einigen Erfahrungen mit der Methode »Versuch macht klug!« werden Sie eine persönliche Liste mit Lieblingsplätzen besitzen, an denen Sie gerne kommunizieren.

Verzweifeln Sie nicht, wenn es in Ihrer Umgebung fast keine öffentlichen Parks gibt. Engagieren Sie sich für die Schaffung neuer Parks und Grünanlagen, aber halten Sie, bis diese tatsächlich existieren, immer wieder Ausschau nach ungewöhnlichen Orten für den Dialog mit der Natur.

Sie können auf Balkonen, Dächern und den Klettergerüsten der Spielplätze mit Wolken und mit dem Himmel sprechen. Bisweilen findet sich am Ende einer Sackgasse ein kleines Stück Land oder eine Treppe, die über steile Abhänge führt. Beide Wege verheißen vielleicht einen Rundblick wie vom Baumwipfel oder ungestörtes Alleinsein. Darüber hinaus können Friedhöfe Ruhe und Schönheit ausstrahlen.

Die ungepflügten Ränder der Getreidefelder oder der Windschutz zwischen den Feldern können für wildlebende Tiere, wildwachsende Pflanzen und damit auch für Sie herrliche Zufluchtsorte sein. Die Hecken, die in England die Weiden voneinander trennen, sind inzwischen derart wichtige »Reservate« für Fauna und Flora, daß das britische Parlament über ein Gesetz berät, demzufolge die Bauern für die Beseitigung solcher Hecken eine besondere Genehmigung brauchen. Viele Farmer in den USA haben einen Teil Ihres Landbesitzes einer Stiftung oder einem Naturschutzprogramm anvertraut. Jemand, dem in Ihrer Nähe ein Stück Land gehört, erlaubt Ihnen vielleicht, dieses für Ihre Zwecke zu nutzen, wenn Sie als Gegenleistung einen Teil der Instandhaltungsarbeiten übernehmen.

Wenn Sie dem Lärm entfliehen wollen, sollten Sie sich an Orte mit natürlichen Geräuschen begeben: an einen gurgelnden Bach, einen plätschernden See oder zu Bäumen, die im Wind rauschen. Ein kleiner Hügel zwischen Ihnen und dem Verkehr kann eine Insel der Ruhe schaffen. Falls alle Versuche scheitern, greifen Sie auf Ohropax zurück. Obwohl es die wunderbaren Naturlaute nicht durchläßt, ist es doch sehr nützlich, sobald einem das Heulen der Rasenmäher und das Kreischen der Kettensägen einfach zuviel wird.

Sie werden Ihre eigenen Stellen für besondere Momente ausfindig machen: einen Baum mit dicken Ästen, der den leichten Regen fernhält, einen zugigen Hohlweg, der Ihnen während der Mittagshitze Kühlung gewährt, oder einen Felsblock, der Sie vor Sturmböen schützt. Vielleicht fällt Ihnen auf, daß ein bestimmter Rasensprenger im Sommer einen Vogelzirkus anlockt und daß eine mit Bäumen gesäumte Hügelspitze gerade bei heftigem Wind den herrlichsten Anblick bietet. All diese Entdeckungen verstärken Ihr Gefühl, zu Hause zu sein.

Der Ablenkung durch andere Leute auszuweichen, kann schwierig sein. Versuchen Sie, abseits der Menge Ihre geistigen Kräfte zu konzentrieren. Zumindest ist niemand zu sehen, sobald Sie den Stamm eines Baumes fixieren oder zu seinen Zweigen hinaufschauen. Wenn Sie zwischen den Pfaden voller Jogger in die Büsche gehen oder auf einer Luftmatratze ein Stück weit auf den See hinaus paddeln, um das überfüllte Ufer hinter sich zu lassen, wird Ihnen unvermutet Ruhe und Frieden zuteil. Wo immer Sie sind, Sie können die Augen schließen. Dadurch stellen Sie vielleicht fest, daß Sie offen werden für eine neue, bevorzugte Tätigkeit, nämlich über Ihren Geruchs-, Gehör- und Gefühlssinn zu kommunizieren.

Weitere Tips, wie man unliebsame Ablenkungen vermeidet, finden Sie im 3. Kapitel, »Sich eingewöhnen«, im 6. Kapitel, »Mantras benutzen«, und im 7. Kapitel, »Nähe herstellen«.

Wenn Sie lernen, mit der Luft zu kommunizieren, können Sie fast überall kommunizieren. Sie öffnen Ihr Wohnzimmerfenster und sprechen leise mit der Brise, die sanft über Ihr Gesicht streicht. Sie liegen im Bett neben dem offenen Fenster und verbinden sich mit den immer anderen Düften des Frühlings. Ich habe sogar in einer Zahnarztpraxis auf der siebten Etage mit der Natur kommuniziert, indem ich mich an den Windstößen erfreute, die dort oben durchs Fenster wehten.

Obwohl diese Kommunikation in der näheren Umgebung Ihnen gestattet, eine ebenso erfüllende wie dauerhafte Beziehung zur Natur herzustellen, ist es auch wichtig, unberührte Orte aufzusuchen, die vom täglichen Treiben weiter entfernt sind. Ich lernte, wie bereits erwähnt, meine ersten Lektionen in der freien Natur und übertrug sie dann auf mein städtisches Leben. In der Nähe des eigenen Heims zu kommunizieren hat gewissermaßen einen Echoeffekt. Sobald ich es tue – ob in meinem Garten oder in einem öffentlichen Park –, empfange ich ein Echo der wilderen Natur. Der kleine Steingarten im Arboretum erinnert meinen Körper an die Blumenfelder im Gebirge, so daß mich ein Gefühl von Weite durchströmt. Der Zederngeruch entspannt meine Schultermuskulatur und läßt mich lächeln, zum Teil deshalb, weil er mir ins Gedächtnis zurückruft, wie ich mit Zedern in einem Wald kommunizierte. Die unbewußten Assoziationen, die spezifischen Inspirationen und die neuen Übungen, die ich in unberührten Gegenden erfahre, helfen mir, auch im Alltag das Gespräch mit der Natur zu suchen.

Der buddhistische Mönch Thich Nhat Hanh, von Martin Luther King jun. für den Friedensnobelpreis vorgeschlagen, spricht in seinem Buch *Peace Is Every Step* (Jeder Schritt ist Friede) darüber, wie wichtig es ist, sein Zuhause von Zeit zu Zeit zu verlassen:

Als Meditierende im Anfangsstadium möchten wir wohl gerne der Stadt den Rücken kehren und aufs Land entfliehen, um leichter jene Fenster zu schließen, die unseren Geist beunruhigen. Dort können wir eins werden mit dem stillen Wald, uns selbst wiederentdecken und wiederherstellen, ohne daß das Chaos der »äußeren Welt« uns wegfegt. Die frischen und schweigsamen Wälder helfen uns, bewußt zu bleiben, und wenn unser Bewußtsein fest verankert ist, wenn wir es beibehalten können, ohne zu schwanken, haben wir vielleicht den Wunsch, in die Stadt zurückzukehren und dort zu bleiben, weniger beunruhigt.

Ich empfehle Ihnen, in Ihren Jahresplan zwei »Kommunikationsreisen« mit aufzunehmen, die in die Ferne führen. Fahren Sie zuerst in urwüchsige Gegenden, die möglichst unbewohnt sind: Nationalparks, Wildparks, Naturschutzgebiete und große Wälder. Halten Sie sich dort mehrere Tage auf – oder noch länger. Allmählich können Sie Ihre Abwehrmechanismen aufgeben und sich von der Weite und der Ruhe berühren lassen, die Sie im täglichen Leben nicht finden. Diese Erfahrungen werden Sie innerlich erneuern und auch noch weiter inspirieren, wenn Sie nach Hause zurückgekehrt sind.

Dann sollten Sie Wochenendausflüge in eine Naturlandschaft unternehmen, die Sie immer wieder aufsuchen können, so daß sie Ihnen wie ein zweites Zuhause erscheint. Ich zum Beispiel gehe gerne in ein kleines Ferienhaus namens Beachwood, das nur zwei Stunden von Seattle entfernt ist. Inzwischen war ich oft genug dort, so daß ich meine Lieblingsstellen habe, an denen ich mit den unterschiedlichsten Witterungsverhältnissen kommuniziere. Die Bäume, Vogelrufe und Gerüche sind mir derart vertraut, daß sie mich allein schon aufgrund der Erinnerung an frühere Besuche fast unmittelbar in den nötigen Gemütszustand versetzen.

Sicherheit

Eine meiner Freundinnen sagte: »In meinem städtischen Park könnte ich nie mit der Natur kommunizieren; der Central Park ist voller Räuber und Ratten.« Dagegen meinte eine andere Freundin:

»Ich liebe es, im Central Park zu kommunizieren; dort gibt es viele unberührte Winkel.«

Offensichtlich fürchten sich nicht alle vor den gleichen Dingen oder Orten. Ihre Ängste beeinträchtigen die gespannte Aufmerksamkeit, die Sie für die Kommunikation brauchen; achten Sie also darauf, vor welchen konkreten oder gar ausgefallenen Dingen Ihnen bange ist.

Falls es Ihnen Sorge macht, allein in öffentliche Parks zu gehen, beginnen Sie eben in Ihrem Garten, auf Ihrer Veranda oder im Garten eines Freundes. In einigen Parks fühle ich mich absolut sicher, in anderen bleibe ich stets in der Nähe eines frequentierten Joggingpfads oder Parkplatzes. Schon indem ich mich von den Läufern abwende oder hinter einen Busch trete, der mich vom Parkplatz trennt, empfinde ich jenes Gleichgewicht von Abgeschiedenheit und Sicherheit, dessen ich bedarf. Manchmal habe ich ein Pfefferspray bei mir, und die Grundgriffe der Selbstverteidigung sind mir durchaus bekannt – aber ich begebe mich nicht an Orte, wo ich damit rechnen muß, eines dieser Mittel anzuwenden. Ich möchte das Gespräch mit der Natur mit größtmöglicher Gelassenheit beginnen.

Manchmal gehe ich mit einem oder mehreren Freunden los, und wir verteilen uns, damit jeder für sich jene Mischung aus Abgeschiedenheit und Sicherheit empfindet, während wir gemeinsam kommunizieren. Oft lassen mich die sportlicheren Gefährten irgendwo zurück, um einen Dauerlauf zu machen. Ich weiß dann, daß einer bald zurückkommen und nach mir schauen wird.

Die meisten Aggressionen finden zwischen Personen statt, die einander kennen, und die meisten Angriffe durch Fremde ereignen sich, nachdem der Angreifer die Situation genau »gecheckt« hat. Obwohl die Schlagzeilen über willkürliche Gewalt an öffentlichen Orten mich ziemlich aufschrecken, sind doch solche Überfälle, statistisch gesehen, derart unerheblich, daß ich kaum Angst habe, in Parks allein zu sein. Da die Wahrscheinlichkeit, in einen Autounfall verwickelt zu werden, viel höher ist als die, belästigt und ausgeraubt zu werden, sollte ich wohl eher die Heimfahrt fürchten!

Einige Menschen haben Angst vor der Stille, der Langeweile oder dem Alleinsein. Andere sorgen sich, einer wichtigen beruflichen Aufgabe nicht gewachsen zu sein oder die kommenden Ereignisse nicht kontrollieren zu können. Wieder andere befällt die Panik, daß unangenehme Gefühle in bezug auf das eigene Leben auftauchen könnten, wenn sie langsamer machen und aufmerksam sind. Die Kommunikation mit der Natur ist nicht nur eine einfache Fahrkarte in Richtung Glückseligkeit, sondern auch in Richtung Selbstbewußtheit und geistiges Wachstum. Diese Bewußtheit schließt lästige Gefühle mit ein, und dieses Wachstum resultiert zum Teil aus überwundenen Ängsten.

Grundausrüstung

Es gibt keine Grundausrüstung. Wanderbücher listen oft »die zehn wesentlichen Dinge« auf, die Sie unbedingt bei sich haben sollten: Kompaß, Streichhölzer usw. Da ich mich oft nicht weiter als fünfzehn Meter von meinem Auto entferne, brauche ich gar nichts mitzunehmen. Andererseits tragen einige Gegenstände definitiv zu meinem Wohlbehagen bei. Speziell einer hat sich so oft als nützlich erwiesen, daß ich ihn jetzt spöttisch als meinen »unentbehrlichen Begleiter« bezeichne: eine große Plastiktüte. Wie wichtig eine solche ist, mußte ich auf eher unangenehme Weise erfahren.

An einem herrlichen Sommermorgen um vier Uhr schlenderte ich durch das noch verschlafene Dorf Harrison Hot Springs, um zum Seeufer zu gelangen. Himmel und See waren rosa, die Berge lavendelblau, und weit und breit war keine Menschenseele. Ich setzte mich auf die erste Bank, und meine Hosen saugten den kalten Morgentau wie ein Schwamm auf. Ich sprang hoch; hier konnte ich nicht bleiben. Ich spazierte hinunter zum Steg – in der Hoffnung, mich hinzulegen, das Gesicht nah dem schimmernden Wasser. Aber der war natürlich ebenfalls mit Tau bedeckt. Zu dieser frühen Stunde konnte ich nicht zurück zum Zelt und meine Reisegefährtin erneut aufwecken, also verlegte ich mich darauf, die Mülleimer nach einer sauberen Plastiktüte zu durchstöbern, die meinen Morgen retten würde.

Seither gehe ich nie mehr ohne Plastiktüte aus dem Haus. Mit ihr kann ich auf einem nassen, bemoosten Baumstamm, einem matschigen Pfad oder einem Felsblock sitzen, der von einem Wasserfall besprüht wird. Und sie schützt mich vor Tau oder Vogelkot auf meiner Parkbank.

Mit zwei Plastiktüten kann ich mich auf nassem Gras, schmutzigen Felsvorsprüngen oder Waldböden ausstrecken, die sonst an meiner Kleidung haftenblieben. Auf dem Rückweg kann ich eine dafür benutzen, Abfall aufzuheben und einzusammeln – im Gefühl, diesem Land, das ich liebe, einen Dienst zu erweisen. Tüten erweitern meine räumlichen und zeitlichen Möglichkeiten, mich hinzusetzen. Sie eröffnen mir zusätzliche Möglichkeiten, Abgeschiedenheit und Frieden zu finden.

Neben meinem »unentbehrlichen Begleiter« nehme ich oft einige Dinge mit, die mir Schutz bieten, und ein paar andere, die der Behaglichkeit dienen. Fast immer habe ich Sonnencreme, Insektenschutzmittel, Ohropax und eine Sonnenblende bei mir. Ein einziges kleines Ärgernis wie Stechmücken, gleißendes Licht, das einem direkt in die Augen scheint, oder ein lautes Picknick in der Nähe können ein Abenteuer völlig ruinieren. Manchmal packe ich auch Pfefferspray und Regenmantel ein.

Nur selten verzichte ich auf etwas Proviant, Wasser, Papiertaschentücher, ein aufblasbares Kopfkissen und einen langen gestrickten Schal, die allesamt eine wohltuende Wirkung haben. Dank Proviant, Wasser und Papiertaschentüchern kann ich draußen bleiben, solange ich will; mit Hilfe von Kopfkissen und Schal verwandle ich felsige Untergründe oder unförmige Baumstämme in bequeme Sitze und Rückenlehnen.

Wenn Sie sich nicht weit von Ihrem Auto entfernen, können Sie alles mitnehmen, was Sie wollen. Möchte ich mich einmal wirklich ausruhen, so greife ich mir meinen Liegestuhl oder ein Schaumstoffpolster – und in kühlerer Jahreszeit eine Thermosflasche und eine Decke. Sie können sich vielleicht nicht vorstellen, einen Liegestuhl für die Kommunikation mit der Natur zu benutzen, aber er erscheint mir fast unabdingbar. Ich habe ihn schon in Skiliften und auf Schiffsdecks, auf Felsvorsprüngen und Spielplätzen bei mir gehabt. Er erleichtert das gewünschte Zwiegespräch.

Wenn Sie überlegen, was Sie einpacken sollen, dann denken Sie daran, daß Behaglichkeit eine wesentliche Voraussetzung der Kommunikation ist. Sie wollen ja nicht ständig die Zähne zusammenbeißen, sondern sich auf die einfachste Art und Weise entspannen. Sobald Sie Ihre Lieblingsgegenstände ausfindig gemacht haben, verstauen Sie diese in einer kleinen Reisetasche oder einem Rucksack, um jederzeit aufbrechen zu können. Wer weiß, vielleicht lösen sich in einer Vollmondnacht plötzlich die Wolken auf.

Ratschläge für die Kommunikation mit der Natur:

1. Der richtige Zeitpunkt: zwischen Abend- und Morgendämmerung; unter der Woche; bei schlechtem oder ungewöhnlichem Wetter; außerhalb der Saison; wenn Sie ausgeruht und satt sind und sich wohl fühlen.
2. Der passende Ort:
   a. In nächster Nähe zu Ihrem Zuhause, Ihrem Arbeitsplatz und Ihren üblichen Fahrstrecken: in Gärten, Parks und auf leeren Plätzen; auf Balkonen, Dächern und Plattformen; auf einem freien Stück Land hinter Sackgassen, bei Kirchen, auf Friedhöfen und Spielplätzen; inmitten natürlicher Geräusche oder hinter Hügeln, die den Lärm abschirmen.

b. In der Ferne: in friedlichen, weiträumigen, unbewohnten und unberührten Regionen, die sich für längere Aufenthalte eignen; an Stellen, die Sie regelmäßig aufsuchen können und mit denen Sie immer vertrauter werden.

3. Sicherheit: Bleiben Sie in Reichweite von Freunden, Joggingstrecken, frequentierten Park- oder Picknickplätzen; tragen Sie ein Pfefferspray bei sich; lernen Sie die Techniken der Selbstverteidigung; bitten Sie einen Freund, nach einiger Zeit zu Ihnen zurückzukommen.
4. Grundausrüstung: Nehmen Sie für Ihr körperliches Wohlbefinden ein oder zwei große Plastiktüten mit sowie Sonnencreme, Insektenschutzmittel, Sonnenhut oder Sonnenblende, Regenmantel, Ohropax, Proviant, Wasser, Papiertaschentücher, ein aufblasbares Kissen und einen Schal; des weiteren Liegestuhl, Schaumstoffpolster, Decke und Thermosflasche.

In diesem Kapitel lernen Sie die schnellste Methode kennen, von Ihrem alltäglichen angespannten Gemütszustand (»Ich habe keine Zeit!«) auf einen kommunikativen Gemütszustand umzuschalten: Sie lernen, Ihr Beschäftigtsein zu vergessen und Ihre Aufmerksamkeit auf das zu richten, was Sie im Gespräch mit der Natur erfahren möchten.

2
SICH VORBEREITEN

In seinem ersten Buch, *Die Natur* (1836), ermunterte Ralph Waldo Emerson die rastlos arbeitenden Menschen, nach draußen zu gehen und neue Kraft zu schöpfen:

> *Auf Körper und Geist, die durch schädliche Arbeit oder schädlichen gesellschaftlichen Umgang verkrampft sind, wirkt die Natur heilsam. Sie stellt das Gleichgewicht wieder her. Der Händler, der Rechtsanwalt läßt das lautstarke Treiben*

der Straße hinter sich, sieht den Himmel und die Wälder und ist wieder ein Mensch. In ihrem ewigen Frieden findet er sich selbst.

Das klingt einfach, nicht wahr? Man begibt sich ins Freie, und die Natur regeneriert einen wie durch Zauberhand. Doch für viele von uns ist das oft nicht ganz so leicht.

Ist Ihnen zum Beispiel schon einmal folgendes passiert? Es gelingt Ihnen, trotz des vollen Terminkalenders etwas Zeit zu erübrigen, um durch den Park zu schlendern. Nach zehn Minuten merken Sie, daß Sie auf Ihrem Spaziergang noch gar nichts gesehen, gehört oder gerochen haben, weil Sie nur an die Arbeit gedacht haben. Das ist die übliche Geschichte, die jeder kennt. Selbst Emersons Schüler Henry David Thoreau, einer von Amerikas berühmtesten Naturliebhabern, notierte:

Ich bin beunruhigt, wenn mir bewußt wird, daß ich eine Meile in die Wälder gewandert bin, ohne mich geistig darauf eingelassen zu haben. Auf meinem Spaziergang am Nachmittag würde ich gerne meine morgendlichen Sorgen und meine

Verpflichtungen gegenüber der Gesellschaft vergessen. Aber manchmal kommt es vor, daß ich das dörfliche Leben nicht einfach abschütteln kann. Der Gedanke an irgendeine Arbeit geht mir durch den Kopf, und ich bin nicht dort, wo mein Körper ist; ich bin abwesend. Auf meinen Spaziergängen möchte ich meine fünf Sinne wiederfinden. Was habe ich in den Wäldern verloren, wenn ich an etwas außerhalb der Wälder denke?

Natürlich bewirken nicht nur die Gedanken an die Arbeit, daß wir »abwesend« sind. Ein Rentner kann ebenso zerstreut sein wie ein Angestellter. Der Kopf ist oft mit den unterschiedlichsten Sorgen, Gesprächen, Zukunftsplänen und Aufgabenlisten angefüllt. Er kann im Innern Filme produzieren über alles, was geschehen ist oder vielleicht geschehen wird. Möglicherweise sind wir derart damit beschäftigt, auf solche geistigen Bilder und Szenarien zu reagieren, daß wir die Wirklichkeit ringsum gar nicht mehr wahrnehmen.

Ich bezeichne diese besorgte, planende Gemütsverfassung als »mentale Geschäftigkeit«. Sie will uns weismachen, daß sie sich lediglich um die wichtigen Angelegenheiten in unserem Leben kümmert. Doch im Grunde beschert sie uns häufig anstrengende Arbeit und geistige Überbeanspruchung, die unsere Aufmerksamkeit selbst dann fesseln, wenn wir uns entspannen könnten.

In dieser Gemütsverfassung denken wir zu schnell, um mit der Natur noch kommunizieren zu können. Wir sind ständig in Eile. Wir springen von einem Gedanken zum nächsten, von einer Entscheidung zur andern. Wir gelangen zu der Ansicht, daß es in zuwenig Zeit zuviel zu tun gibt. Wie sollen wir im Park innerlich loslassen, wenn unser umtriebiger Geist uns hartnäckig auffordert, zu den wirklich wichtigen Aufgaben, bei der Arbeit oder zu Hause, zurückzukehren?

Dagegen ist die mit der Natur kommunizierende Gemütsverfassung offen für die Umgebung. Sie sieht und hört, riecht und fühlt. Sie verfügt über ein ausgeprägtes Sensorium. Sie ist sinnlich.

Manchmal ist sie ganz still. Diese innere Stille erlaubt uns, eine Pause einzulegen und mit der Stille der Natur in Beziehung zu treten. Dann sind wir fähig, unserer tiefinneren Stimme zu lauschen.

Diese Gemütsverfassung konzentriert sich auf das Hier und Jetzt, nicht auf Zukunftspläne. Sie hat Zeit für die Entspannung.

Wenn es uns zur unbewußten Gewohnheit geworden ist, die unruhigen Gedanken überallhin – auch in die freie Natur – mitzunehmen, was können wir dann tun, um sie auszuschalten und unser Augenmerk auf die Wälder zu richten? Wir können unsere Siebensachen zusammenpacken.

Wenn ich vorhabe, Freunde in Minnesota zu besuchen, ordne ich vorher meine Angelegenheiten in Seattle. Ich benachrichtige die Post, mir während meiner Abwesenheit keine Sendungen zuzustellen. Ich ziehe den Stecker des Computers aus der Steckdose und staple die noch unerledigten Papiere in einer Ablage, um sie nach meiner Rückkehr zu bearbeiten. Sobald ich mit der Natur kommunizieren möchte, »verpacke« ich meine geschäftige Gemütsverfassung und lasse sie zurück.

Wie man das macht? Der erste – und wichtigste – Schritt besteht darin, es *zu beschließen*. Das erscheint einfach und klar, aber wenn man zerstreut und überfordert ist, fällt einem diese Entscheidung schwer. Trotzdem hat sie *oberste Priorität*. Zauderei macht alle guten Absichten zunichte. Man muß so viel Entschlußkraft und Zielstrebigkeit wie möglich aufbringen. Sobald man sich einmal fest entschieden hat, gibt es mehrere unkomplizierte Methoden, um das eigentliche Verpacken in Angriff zu nehmen.

Notizen sind ein wirksames Hilfsmittel. Vor dem Aufbruch oder während Sie noch im Auto auf dem Parkplatz beim Arboretum sitzen, schreiben Sie auf, was Sie alles zurücklassen wollen.

Zum Beispiel vermerken Sie auf einem Blatt Papier: »Ich lasse folgendes zurück:

- die Reparatur des Zauns
- die Frage, ob ich mich operieren lasse oder nicht
- die Geburtstagspläne
- die Bohnen, die noch gepflückt werden müssen
- den Elternsprechtag
- die Auseinandersetzung mit Sam
- den Ärger wegen der Kreditkarte
- das Klopfgeräusch im Motor
- die Sitzung im Büro

Ich verspreche, mir diese Liste nach meiner Rückkehr heute abend gegen 19 Uhr vorzunehmen. Dann denke ich über die einzelnen Punkte nach.«

Irgendwie vertraut das Gehirn dann darauf, daß Sie tatsächlich zurückkommen und Ihren Verpflichtungen nachkommen werden. Wenn Sie sich schriftlich versichern, gegen 19 Uhr die Liste durchzugehen, beruhigen Sie Ihren inneren »Schwarzseher« um so mehr. (Aber achten Sie darauf, daß Sie Ihr Versprechen auch wirklich halten!)

Wenn Sie keine Lust haben, Notizen zu machen, können Sie laut vor sich hin sagen: »Ich lasse diese Probleme zurück und beschäftige mich damit erst auf dem Heimweg: die Präsentation, die Sorgen um meine kranke Katze, die Holzameisen...« Während der Fahrt stellen Sie sich vor, die Wörter durchs Fenster zu schleudern und ihnen zu entfliehen.

Außerdem können Sie sich ausmalen, Ihre Bedenken nacheinander in einen imaginären Ballon zu tun. Dann befestigen Sie ihn an Ihrer Haustür, an Ihrer Stoßstange oder am ersten Baum, den Sie passieren, und versprechen sich, ihn nach dem Aufenthalt in der freien Natur wieder mitzunehmen.

Ihr Ziel besteht darin, die Sorgen in eine konkrete Form zu bringen, damit Sie sie klar und deutlich zurücklassen können. Dabei sind der Kreativität keine Grenzen gesetzt. Sie können Ihre Sorgen als Lied singen, Sie können sie auch einzeln bildlich darstellen. Sie können jede einzelne Sorge symbolisch in einen Pfennig stecken und die Geldstücke dann auf dem Küchentisch stapeln.

Wenn Sie in unberührten Gegenden über ein bestimmtes Thema nachdenken möchten, notieren Sie es auf einem Zettel und stecken diesen in die Hosentasche. Das gibt Ihrem inneren Melancholiker die Gewißheit, daß Sie die Sache nicht vergessen werden. Nach der Zwiesprache mit der Natur sind Sie dann fähig, mit frischer Kraft zu reflektieren. Einige Kommunikationsmethoden eröffnen neue Perspektiven in bezug auf ein Problem und begünstigen Lösungen, auf die Sie zu Hause oder am Arbeitsplatz nie kommen würden.

Ich muß zugeben, daß ich meinen angespannten Gemütszustand oft gar nicht wegpacken will. Ich hoffe, daß er sich ohne mein Zutun in Luft auflöst. Manchmal geschieht das auch – wenn die Sorgen geringfügig sind, wenn keine Eile geboten ist, wenn ich nicht allzusehr in einem Drama gefangen bin.

Falls es jedoch in den ersten zehn Minuten nicht klappt, klappt es wahrscheinlich überhaupt nicht. Dann habe ich die Wahl, entweder angespannt und bekümmert umherzuirren (was die Kommunikation unmöglich macht) oder aber innezuhalten und meine Sorgen den nächstgelegenen Felsen oder Bäumen anzuvertrauen.

Ich stieß auf diese Methode, als ich einmal in das Arboretum des Washington Park schlenderte, ohne mich zuvor von meinem Streß befreit zu haben. Und sie funktionierte viel schneller und besser, als ich es mir hätte vorstellen können. Im folgenden Tagebucheintrag beschreibe ich meine Entdeckung.

Das Arboretum ist sozusagen mein »zweites Zuhause«. Da es nur sieben Minuten von meinem Wohnhaus und Büro entfernt liegt, gehe ich oft dorthin; einige Ecken sind mir derart vertraut, daß ich mich ganz heimisch fühle.

Arboretum im Washington Park Mai

Erschöpft kam ich hier an. Da ich heute mehr freie Zeit als sonst habe, lasse ich mich auf meine orangefarbene Unterlage im Gras fallen und mache ein Nickerchen. Gelegentlich wache ich kurz auf und höre den beruhigenden Gesang der Rotkehlchen, während der Wind hoch über mir mit großen Ahornblättern raschelt; dann sinke ich wieder zurück in einen traumlosen Schlaf.

Sobald ich munter werde, bin ich voll konzentriert. Die zahlreichen Sorgen des Tages kommen erneut zum Vorschein, und ich weiß, daß ich jetzt auch genausogut aufstehen könnte. Heute wird es kein friedliches Schläfchen mehr geben.

Selbst wenn ich durch die süßen Düfte und erfrischenden Winde wandere, bleibt mein Geist angespannt. *Okay*, sage ich meinem inneren Sorgenmacher, *ich denke, ich brauche etwas Zeit, um diese bohrenden Gedanken loszuwerden.*

Dagegen sträube ich mich immer. Ich ärgere mich über den Preis, den der Alltag in Form von Zeit und Aufmerksamkeit fordert. Doch inzwischen weiß ich: Wenn ich nicht sofort zahle, werde ich während meines ganzen Spaziergangs von den Taschendieben der Sorge belästigt.

Ich stehe einer alten Magnolie gegenüber. »Ich stelle mir jetzt vor, du bist der neue Laptop, den ich gerade bestellt habe«, sage ich zu dem graugrünen Stamm. »Du machst mir angst.«

Das ist nichts Neues. In den letzten Wochen habe ich mich mit der Frage herumgeschlagen, ob ich ihn kaufen soll oder nicht. Wenn ich nun mit dem Baum spreche, rechne ich damit, daß die Litanei der Laptop-Ängste aus mir heraussprudelt. Statt dessen lautet mein nächster Satz: »Ich bin ganz aufgeregt wegen dir. Ich glaube, daß du mein Leben enorm erleichterst. Ich kann es kaum erwarten, dich zu besitzen und mit dir zu arbeiten.«

Meine eigenen Worte verblüffen mich. Ich bringe einige Ängste zum Ausdruck; schließlich mache ich diese Übung ja, um meine Sorgen zu benennen und auszutreiben. »Ich fürchte, daß ich deine Programme nicht verstehe und daß ich viel Zeit benötige, um sie mir anzueignen.« Meine Äußerungen sind halbherzig, denn im Grunde empfinde ich eine angenehme Erregung. »Okay, ich freue mich wirklich auf dich«, sage ich mit einem Seufzer der Erleichterung und setze meinen Weg fort.

Ein Zedernstamm repräsentiert das Buch, das ich gerade als Ghostwriterin verfasse. Erneut fließen Wörter aus mir heraus, auf die ich nicht vorbereitet war. »Auch dir sehe ich mit Freude entgegen. Welch großartige Gelegenheit, an einer Sache zu arbeiten, an die ich glaube. Es gefällt mir, eine anspruchsvolle Aufgabe in meinem Terminkalender zu haben.« Das ist es. Ich bin verblüfft. Dann gehe ich weiter.

»Aber ich versuche doch, meine Sorgen abzuladen!« rufe ich. Ich sitze auf einer Bank, die von Rhododendren umgeben ist. Jedem Strauch teile ich eine Kategorie von Sorgen zu. »Du bist die endlose Renovierung des Hauses. Du bist die Reparaturen am Auto. Du bist mein Poststapel.« Na also. Doch diese Dinge versetzen mich überhaupt nicht in Hochstimmung. Andererseits ergreift mich auch nicht die Panik, die ich sonst empfinde, wenn ich darüber nachdenke. Ich bin einfach nur müde.

Ich sehe, wie die weißen Blüten und glänzenden Blätter an jedem meiner Sorgensträucher sich im Wind bewegen. Ich hole tief Atem und entspanne mich.

Ich weiß nicht, ob das funktioniert. Ich habe einen großen Gefühlsschwall von Ängsten erwartet, und statt dessen verwandeln sich meine Sorgen einfach in Vorfreude oder Müdigkeit.

Auf einen Ahornstamm projiziere ich den Besuch meiner Schwester, auf einen Fichtenstamm den einer Freundin. Obwohl ich mich auf beide Ereignisse freue, möchte ich doch nicht im Park daran denken.

Weitere Sorgen fallen mir nicht ein. Ich nehme an, daß ich nicht genügend konzentriert war, um meine Gefühle loszulassen, aber ich gehe weiter, durchdrungen von einer sanften Erregung.

Ich wandere unter den Bäumen hindurch, passiere das Besucherzentrum und schlage den Weg in Richtung Sumpfland ein. Immer noch bin ich darauf gefaßt, daß die Sorgen sich zurückmelden, aber sobald ich daran zu denken versuche, habe ich wirklich das Gefühl, als lägen sie hinter mir, in einer anderen Realität. Ich schlendere durch eine Welt, die nur von Wind und Lächeln erfüllt ist.

Ich halte nicht an, um mit der Natur zu kommunizieren, da dieser Spaziergang lediglich eine Übung darstellt, aber selbst ohne Meditation bleibe ich aufmerksam. Meine Oberschenkel ziehen ein bißchen; an einer Wegbiegung sticht mir die Sonne in die Augen. Muskeln, Sonne, Wind, wogendes Laubwerk und Vogelgesang bilden meine Gegenwart.

Auf dem Rückweg zum Auto streife ich noch einmal die blühenden Rhododendren. Ich bin weiterhin ganz locker. Ich passiere Ahorn und Tanne, Zeder und Magnolie. Am Wagen angekommen, muß ich mich an meine Sorgenliste erinnern. Es überrascht mich, keinerlei Anspannung zu empfinden, während ich sie überfliege. Ich fühle mich einfach nur erfrischt.

Oft neige ich zu der Annahme, daß die Auseinandersetzung mit meinen vielen Sorgen viel Zeit und Kraft beanspruchen und so die Begegnung mit der Natur zunichte machen wird. Doch meistens strömen sie ziemlich ungehindert aus mir heraus. Mein Gespräch mit den Bäumen und Sträuchern etwa dauerte bloß zehn Minuten. Ich hatte reichlich Zeit, die Atmosphäre des Arboretums zu genießen. Außerdem waren Körper und Geist im Gleichgewicht.

Indem ich meine Sorgen nacheinander benannte und jede einem einzelnen Baum oder Strauch zuordnete, verwandelte sich die große, erdrückende Masse in bestimmte Probleme, mit denen ich umgehen konnte. Jede war so konkret wie ein Baum, hatte einen Anfang und ein Ende. Ich konnte sie betrachten – ja, der Reihe nach berühren.

Die Sorgen von innen nach außen zu befördern und Abstand von ihnen zu gewinnen, brachte mir sofort Erleichterung. Als ich jedem Strauch eine Sorge übergab, wich die damit verbundene Anspannung aus meinem Körper.

Während der ganzen Übung war ich mit einem Problem konfrontiert, das sich vielleicht auch Ihnen stellt, wenn Sie mit der Natur kommunizieren möchten: Was ist, wenn eine dieser Aktionen so töricht wirkt, daß man sich damit anscheinend zum Narren macht? Mit Bäumen zu sprechen wirkt zum Beispiel etwas albern. Hätte ich mich also zurückhalten sollen? Hätte ich mich »reifer« und »schicklicher« zeigen sollen?

Ich denke, die meisten von uns haben zumindest eine alte Verletzung davongetragen aus einer Zeit, da wir für lächerlich oder dumm gehalten wurden. Mit Schrecken entsinnen wir uns an die Urteile unserer Bezugspersonen, selbst wenn sie uns jetzt nichts mehr anhaben können.

Es erfordert also Mut, albern zu sein, und vielleicht verlangt die Kommunikation mit der Natur gerade das von uns. Sie fordert nicht die Tapferkeit, einen Berglöwen zu besiegen oder eine steile Felswand zu erklimmen, sondern die Entschlossenheit, die eigenen Sorgen zu thematisieren, und die Bereitschaft, Dinge zu tun, die andere Erwachsene möglicherweise als abwegig betrachten.

Im Arboretum löste ich keines der persönlichen Probleme, die mich beunruhigten, obwohl ich hätte innehalten und an ihnen arbeiten können, wenn mir danach gewesen wäre. Ich hätte auch verweilen und auf einer tieferen Ebene mit der Natur kommunizieren können. Statt dessen eliminierte ich das drängendste Problem: Ich befreite mich soweit von ängstlichen Gefühlen und bohrenden Gedanken, daß ich meinen Spaziergang genießen konnte.

Oft kann ich, sobald ich meine unruhige Gemütsverfassung »ausgeschaltet« habe, mit einem offenen, empfänglichen, kommunikativen Geist in die Parkanlagen gehen. Manchmal jedoch füllt sich der offene Raum in meinem Kopf immer wieder mit überflüssigem Gerede aus meinem Innern. Dann muß ich bestimmte Maßnahmen ergreifen, um jene Gemütsverfassung »einzuschalten«, die das Zwiegespräch mit der Natur ermöglicht. Mein erster Schritt besteht darin, meine Aufmerksamkeit auf das zu richten, was ich eigentlich suche.

Ich frage mich: *Warum gehe ich heute ins Grüne? Was erhoffe ich mir davon?*

So, wie ich meine Sorgen auflisten und zurücklassen konnte, kann ich auch meine Ziele, die mich in die freie Natur treiben, festhalten. Ich kann sie aufschreiben, laut aussprechen oder visualisieren. Ich kann sie wie ein Lied singen, zeichnen oder mit einem Gegenstand identifizieren. Wenn ich meine Konzentration bewußt auf ein neues Thema lenke, fällt es mir leichter, mein Denken in den Griff zu bekommen.

Meine Wünsche und Ziele kundzutun verhilft mir nicht nur zu einer kommunikativen Gemütsverfassung, es hilft mir auch, in eine kommunikative »Körperverfassung« zu gelangen. Meine Muskeln werden lockerer und meine Atmung verlangsamt sich, sobald ich etwa folgenden Satz ausspreche: »Ich möchte leer, ruhig, still und empfänglich sein.« Meine Haut kribbelt, und meine Ohren werden hellhörig, wenn ich sage: »Ich möchte nicht mehr vom Kopf her, sondern aus meinen Sinnen leben.«

An manchen Tagen ist mein Geist so müde und überanstrengt, daß ich gar nicht weiß, weshalb ich überhaupt die freie Natur aufsuche. In diesem Fall lese ich gerne etwas, das mich in eine kommunikative Stimmung versetzt: inspirierende, von Geist erfüllte Zitate, Schriften über die Natur oder einen Abschnitt in meinem Tagebuch.

Im Laufe der Jahre habe ich einige meiner bevorzugten Wünsche und Ziele in einer Liste zusammengetragen. Sie trägt die Überschrift »Vor dem Gang in die Natur will ich mich daran erinnern …«. Diese Liste in lyrischer Form ist mir sehr nützlich, denn die darin enthaltenen Ideen beruhen auf eigenen Erfahrungen. Dieser oder jener Ausdruck ruft eine Erinnerung oder Empfindung wach, durch die ich leichter auf den richtigen Weg finde.

Vielleicht haben Sie Lust, selbst ein paar Naturgedichte oder Sprichwörter zu sammeln, die Sie berühren. Aber Sie können auch Ihre eigenen Texte schreiben! Fürs erste könnten Sie versuchen, meine Verse zu verwenden.

Vor dem Gang in die Natur
Will ich mich daran erinnern…

Ich komme hierher,
Um nicht vom Kopf, sondern aus den Sinnen zu leben,
Um einzutauchen in Frieden und Schönheit,
Um Verwandtschaft mit dem Leben zu spüren,
Um mich heimisch zu fühlen.

Ich komme hierher,
Um leer zu sein,
und ruhig,
still,
empfänglich.

Ich komme hierher,
Um verwandelt zu werden –
eine neue Sicht zu entwickeln,
eine Antwort zu finden,
eine Wunde zu heilen,
eine Lektion zu lernen.

Ich komme hierher,
Um wild zu sein,
Um von Wildheit umgeben zu sein,
vom Geheimnis
und vom Wunder.

Ich komme hierher,
Um zu verehren,
zu danken,
zu preisen,
zu lieben.

Eine andere Methode, in den kommunikativen Gemütszustand zu gelangen, ist das Gebet. Dabei handelt es sich nicht nur um ein traditionelles religiöses Ritual, sondern um eine wirksame Technik, die mentalen und emotionalen Energien neu auszurichten.

Als stellvertretender Anwalt der Krone in Nordkanada war Rupert Ross völlig perplex, als er zum erstenmal hörte, wie Indianer vor einer Gerichtsverhandlung ein einleitendes Gebet sprachen. Zunächst fehlte ihm, wie er schreibt, das Verständnis für den Zusammenhang zwischen juristischen Angelegenheiten und einem Gebet:

> *Als ich jedoch genau auf die Worte und Gelöbnisse der Betenden achtete, ging mir allmählich ein Licht auf. Jene Gebete preisen regelmäßig die Gemeinsamkeiten zwischen uns Menschen, die wir darum bemüht sind, zusammen mit anderen auf gemeinsame Ziele hinzuarbeiten. Sie bitten um Beistand, indem sie jeden an das Glück erinnern, auf einem so wunderbaren Planeten mit so großartigen Geschenken leben zu dürfen. Sie bitten, daß wir daran denken, die anderen Menschen und die Erde respektvoll zu behandeln. Ich kann ehrlich sagen, daß ich immer wieder bewegt war. Die gleiche Reaktion sah ich bei anderen Weißen, bei Bürokraten,*

Politikern und abgebrühten Polizisten. Ich glaube, wir wurden dazu gebracht, unseren Verstand und unseren Geist neu zu orientieren. Die täglichen Aktivitäten betreffen nicht nur die Angelegenheit, *um die es gerade geht, sondern im besonderen auch die* Entwicklung *aller Beteiligten.*

Kurzum, ich schließe mich allmählich der traditionellen indianischen Auffassung an, daß die Zeit für die Erledigung einer bestimmten Sache so lange noch nicht reif ist, wie der mentale Zustand aller Beteiligten nicht eigens angesprochen wurde. Wer in Gedanken abschweift oder voll negativer Gefühle ist, die aus anderen Bereichen stammen, vergiftet nur die weiteren Verhandlungen.

Sie brauchen nicht unbedingt zu einem bestimmten Gott oder einem ganzen Pantheon zu beten. Sie können einfach Ihre Hoffnungen und Absichten kundtun und Ihre Kommunikation in einen größeren Kontext einbetten. Wenn Sie zu einem Gott oder verschiedenen Göttern eine besondere Beziehung haben, dann eröffnet Ihnen das Gebet die

Möglichkeit, von dieser Quelle Hilfe und Unterweisung zu empfangen.

Sobald Sie von einer angespannten Gemütsverfassung auf eine kommunikative umschalten, ändern Sie nicht nur Ihre Absichten oder das Thema, über das Sie nachdenken möchten, Sie ändern auch die *Arbeitsweise* Ihres Gehirns.

Dieses Umschalten gelingt Ihnen zum Beispiel, indem Sie sich vorstellen, die eine Gehirnhälfte zu kontrollieren und von dort zur anderen überzuwechseln. Forscher haben herausgefunden, daß die beiden Hemisphären des Großhirns jeweils unterschiedliche Aktivitäten steuern und dabei verschiedene Denkprozesse in Gang bringen. Die linke Hemisphäre beherrscht gewöhnlich das Alltagsleben; sie gebietet über das rationale, logische und verbale Denken. Die rechte Hemisphäre dagegen bedient sich der intuitiven, kreativen und ganzheitlichen Denkprozesse, die für die Kommunikation mit der Natur wesentlich sind.

Wenn Sie sich also visuell ausmalen, wie Sie Ihre Sorgen in einen Ballon verpacken, aktivieren Sie die kreative Seite Ihres Gehirns. Auch wenn Sie die Wörter meines Gedichts lesen oder Ihre eigenen

Ziele in lyrischer Form notieren, erhalten sie Zugang zur rechten Hemisphäre: Sie entdecken in den Versen zum Beispiel verwandte und heimatliche Gefühle, die durch die rechte Gehirnhälfte erlebt werden.

In seinem Buch *What the Buddha Never Taught* (Was der Buddha niemals lehrte) beschreibt Tim Ward, wie sich der Übergang von der linken zur rechten Gehirnhälfte während der Meditation bemerkbar macht:

> *Die linke Hemisphäre ist bei den meisten menschlichen Aktivitäten der dominierende Partner; nur selten gibt sie die Kontrolle preis. Je komplexer die Aufgaben sind, desto besser geht es ihr; doch wenn sie nicht voll beansprucht wird, neigt sie zu Zerstreutheit und Unruhe. Die rechte Hemisphäre dagegen läßt sich leicht auf genau die Aktivitäten ein, welche die linke langweilig findet. Wenn diese sich zum Beispiel auf so etwas Einfaches wie das Atmen konzentrieren soll, rebelliert sie. Sie will über interessantere Dinge nachdenken. Doch wenn sich die Aufmerksamkeit immer wieder auf das Atmen richtet, über-*

läßt schließlich die linke Hälfte der rechten die Kontrolle. Dann erlebt man eine deutliche geistige Veränderung. Sobald die rechte Gehirnhälfte die Leitung übernimmt, hat die Unruhe ein Ende. In diesem Zustand gleitet der Mensch entspannt in eine friedliche Kontemplation. So gesehen ist die Meditation eine Therapie, die dazu dient, die Vorherrschaft der linken Gehirnhälfte einzuschränken. Sobald die passive rechte Seite lernt, wie sie ihren Einfluß geltend machen kann, und uns befähigt, ein kreativeres und intuitiveres Leben zu führen, wird in unserer menschlichen Natur das Gleichgewicht wiederhergestellt.

Wenn Tim Ward meditiert, richtet er seine Aufmerksamkeit so oft wie möglich auf die Atmung. Wenn Sie also in einen Gemütszustand kommen wollen, der das Zwiegespräch mit der Natur begünstigt, dann richten Sie Ihre Aufmerksamkeit, so oft es geht, darauf.

Diese Kommunikation verlangt vor allem eines von Ihnen, nämlich daß Sie sich für sie *entscheiden*. Wenn es Ihnen gelingt, hierfür genügend Stärke und Beharrlichkeit aufzubringen, sind Sie schon auf halbem Wege zum Ziel. Von Ihrer Entschluß-kraft hängt ab, inwieweit Sie es schaffen, sich von Ihrer inneren Unruhe zu befreien und zu einer offenen Einstellung zur Natur zu finden. Sobald Sie sich entschieden haben, sobald Sie losgelassen und Ihre Gedanken auf die Kommunikation gelenkt haben, ist der nächste Schritt das reinste Vergnügen: sich an den neuen Zustand zu gewöhnen.

Ratschläge für die Vorbereitung der Kommunikation:

1. Fassen Sie den entsprechenden Entschluß.
2. Entledigen Sie sich Ihrer Sorgen und Aufgabenlisten: Schreiben Sie sie auf, sprechen, zeichnen, singen Sie sie – oder stellen Sie sich lebhaft vor, wie Sie sie in einen Ballon packen. Stopfen Sie sie nacheinander in Pfennige, Bäume oder Blumen.
3. Deponieren Sie diese Probleme an einem Ort, wo Sie jederzeit darauf zurückkommen können.
4. Versprechen Sie sich, die Sorgen und Probleme später erneut zu behandeln. Legen Sie dafür möglichst einen bestimmten Zeitpunkt fest.

5. Wenn Sie an einem konkreten Problem erst arbeiten möchten, nachdem Sie neue Kraft geschöpft haben, notieren Sie es auf einem Zettel und stecken Sie diesen in die Hosentasche.
6. Bringen Sie schriftlich, mündlich oder gedanklich zum Ausdruck, was Sie sich vom heutigen Aufenthalt in der freien Natur erhoffen. Falls Ihnen gar nichts einfällt, lesen Sie die zuvor genannte Liste in Versform durch – oder ein Gedicht, das Sie selbst verfaßt haben.
7. Sobald sich draußen im Grünen eine quälende Sorge einschleicht, denken Sie daran, daß Sie sich versprochen haben, darauf zurückzukommen; verbannen Sie sie dann aus Ihren Gedanken. Falls diese Sorge noch nicht auf Ihrer Liste steht, vermerken Sie sie auf einem Blatt Papier.

Um die Natur intensiv zu erfahren, brauchen Sie einen ruhigen Geist und einen entspannten Körper. Obwohl Sie Ihre innere Erregung losgelassen haben, kann Ihr Körper weiterhin verkrampft sein. In diesem Kapitel lernen Sie, sich an den neuen Zustand zu gewöhnen, indem Sie der Stille vertrauen, gesunde Grenzen setzen und bestimmte Entspannungstechniken benutzen.

3
SICH EINGEWÖHNEN

Joseph Campbell, der bekannte Mythologe, hätte auch über die Kommunikation mit der Natur sprechen können, als er in *The Power of Myth* (Die Macht des Mythos) schrieb:

Man sagt, daß wir alle nach dem Sinn des Lebens suchen... Ich denke indes, wir suchen nach einer Erfahrung des Lebendigseins, damit unsere Erfahrungen des Lebens auf der rein kör-

perlichen Ebene einen Widerhall in unserem innersten Wesen finden, in unserer eigentlichen Wirklichkeit. Wir wollen die Ekstase des Lebendigseins auch wirklich fühlen.

Der rege Kontakt mit der natürlichen Umwelt läßt uns die Ekstase des Lebendigseins fühlen. Beachten Sie, daß Campbell nicht »bedenken« oder »erkennen« sagt, sondern »fühlen«.

Wir kommunizieren, wenn wir etwas *fühlen*, das mit unserer Erfahrung korrespondiert. Dann sind wir in Hochstimmung, von Ehrfurcht ergriffen oder gelassen. Wir können den spektakulärsten Sonnenuntergang der Welt betrachten, aber wenn wir körperlich und emotional nicht darauf reagieren, kann es keine Zwiesprache mit der Natur geben.

Weil Kommunikation eine physiologische Reaktion erfordert, ist ein von Angst und Sorge gefesselter Körper dazu nicht in der Lage. Die Empfindungen bei einer Zwiesprache sind meistens viel zu subtil, als daß sie gegen Angst und Beklemmung ankämen; auf verspannte Muskeln und Organe können sie nicht einwirken. Ich kenne niemanden, der zugleich friedlich und verkrampft sein kann.

Wenn wir uns vorstellen, mit der Natur zu kommunizieren, sehen wir uns meistens in unberührter, stiller Landschaft am Ende eines langen Weges sitzen. Wir haben einen ganzen Tag, um abzuschalten, oder ein Wochenende, um uns dem sanften Rhythmus der Natur hinzugeben. Mühelos und spontan machen wir langsamer und entspannen uns.

Das ist eine romantische Phantasie, die manchmal auch Realität wird. Dem Lärm und den Anforderungen des Alltags zu entfliehen, von nichts anderem als von Schönheit und Herrlichkeit umgeben zu sein, kann sehr beruhigend wirken. Es kann aber auch sein, daß uns die Füße weh tun, daß wir im Geiste mit den Leuten streiten, die am letzten Stück des Weges einen Kahlschlag gerodet haben, oder daß wir angestrengt nach dem nächsten Campingplatz suchen. Die Wildnis garantiert keine Entspannung. Wenn wir also eine dauerhafte Beziehung zur Natur wünschen, werden wir wohl den größten Teil unserer dafür vorhandenen Zeit im Umkreis des Wohnorts verbringen, wo wir uns auf jeden Fall bewußt anstrengen müssen, um uns »einzugewöhnen« und zu erholen.

Ich habe mir oft die Erfrischung und Inspiration versagt, die aus dem Kontakt mit der Natur resultiert, weil ich dachte, ich hätte nicht genug Zeit. Doch sobald Sie die notwendigen »Eingewöhnungstechniken« beherrschen, erreichen Sie schon in weniger als einer halben Stunde die Regenerationsphase. Wenn Sie befürchten, wichtige Stunden produktiver Arbeit zu verlieren, sollten Sie sich bewußt machen, daß die Kommunikation Ihnen mehr Klarheit und Energie für alle weiteren Aufgaben des Tages zuteil werden läßt. Larry Dossey, Arzt und Autor des Buches *Recovering the Soul* (Die Seele heilen), bestätigt dies: »Wissenschaftliche Studien zeigen, daß Menschen tatsächlich zu größeren Leistungen fähig sind, wenn sie Zeit haben, sich zu entspannen.«

Da die Eingewöhnung keinerlei Schwierigkeiten zu bereiten scheint, neigt man vielleicht dazu, ihre Wirkung zu unterschätzen. Selbst ohne weitere Kommunikationsübungen kann man allein durch diese Anpassung eindringliche Erfahrungen machen.

Franz Kafka beschreibt die Macht der Assimilation folgendermaßen:

Du mußt dein Zimmer nicht verlassen. Bleib nur am Tisch sitzen und lausche. Du mußt nicht einmal lauschen, sondern einfach nur warten. Du mußt nicht einmal warten, sondern einfach nur lernen, ruhig zu werden und still und mit dir allein zu sein. Dann bietet die Welt sich dir offen dar, um demaskiert zu werden. Sie hat keine Wahl; sie rollt entzückt vor deine Füße.

Die meisten von uns gelangen nicht so schnell vom üblichen Zustand der Anspannung und Sorge in den von Kafka beschworenen Zustand der Ruhe und Stille, wenn wir uns nicht mit einigen Anpassungstechniken selbst helfen.

Im folgenden Tagebucheintrag wende ich mehrere solcher Methoden in rascher Folge an, da ich damals nur wenig Zeit hatte. Wenn ich mich auf einen ruhenden Gegenstand fixiere, meinen Gedankenfluß stoppe, tief atme, rückwärts zähle und besänftigende Wörter ausspreche, kann ich mich tiefer entspannen. Im Anschluß an den Tagebuchauszug erkläre ich jede dieser Methoden ausführlich.

Vergessen Sie, wenn Sie das Zitat lesen, alles andere und lassen Sie sich ganz darauf ein. Kommen Sie zu sich, wechseln Sie über zur rechten Gehirnhälfte und aktivieren Sie Ihr Sensorium. Dann verfügen Sie, wenn Sie das nächste Mal in die freie Natur gehen, über Erinnerungen des Körpers und der rechten Hemisphäre, auf die Sie zurückgreifen können.

Jedesmal, wenn ich in diesem Buch von logischen Erörterungen zu den Erfahrungsberichten des Tagebuchs übergehe, wechseln auch Sie von der angespannten Gemütsverfassung zur kommunikativen über. Draußen im Grünen müssen Sie diesen Übergang allein bewerkstelligen. Üben Sie ihn also hier und jetzt. Betrachten Sie die Eintragungen als Hilfsmittel. Wenn Sie sie nur schnell überfliegen und sich die Zeit nicht nehmen, entsprechend zu reagieren, werden Sie merken, daß Sie nur verwirrt sind und nichts davon haben. Wenn Sie sich jedoch langsam in diese Erfahrungen hineingleiten lassen, sind Sie hinterher erfrischt.

Arboretum im Washington Park Januar

Ich habe meinen Aerobic-Spaziergang durch das Arboretum unternommen und möchte hier etwas

Frieden finden, obwohl mir nur noch zwanzig Minuten verbleiben. Ich hole meinen Liegestuhl aus dem Kombi und stelle ihn auf ein Rasenstück hinter hohem Buschwerk.

Das ist keiner der üblichen Winkel im Arboretum. Ich befinde mich neben der Hauptstraße und dem Parkplatz. In zwanzig Metern Entfernung röhrt der Straßenverkehr. Kann ich hier kommunizieren? Schaffe ich es in so kurzer Zeit?

Mein grasbedeckter Bereich ist von Sonnenlicht überstrahlt. Nackte Äste stehen dunkel und still vor grünen Blättern. Die wenigen noch vorhandenen Blätter, braun und eingerollt, bewegen sich kein bißchen. Ich versuche, auch so still zu werden wie sie. Meine Haut fühlt sich an, als würden sich ihre Zellen neu ausrichten und entspannen, während die vor mir liegende friedliche Szenerie Besitz von mir ergreift.

Trotz dieser großartigen, mustergültigen Stille denke ich ständig über die Gespräche am Vormittag nach. *Komm zur Ruhe!* rufe ich mir innerlich zu.

Ich schließe die Augen und hole dreimal tief Luft. Meine Schultermuskulatur entkrampft sich, und meine Haut kribbelt, während mit jedem Ausatmen der Druck von mir weicht. Langsam zähle ich von fünf bis null. Bei jeder Zahl stelle ich mir vor, auf einer dunklen Treppe einen Schritt nach unten zu gehen und mich dabei noch mehr zu entspannen. Meine Gesichtsmuskeln sind locker. Meine Brustmuskulatur, die Hände und die inneren Organe – alle lassen los.

Plötzlich durchströmt mich eine seltsame Empfindung; mir scheint, als wäre ich in einer Welt, die von der zwanzig Meter entfernten Welt voller Straßenverkehr total abgetrennt ist. Hier, an meinem Plätzchen, herrscht absolute Stille. In der Welt dort drüben regieren Lärm und Hetze. Ich komme mir wie ein Anachronismus vor, wie eine alte Frau, die sich auf ihrer vorderen Veranda sonnt, derweil das Dröhnen von der nahegelegenen Autobahn nicht zu überhören ist. In meiner Welt braucht nichts so schnell zu geschehen wie in jener anderen. Ja, im Grunde braucht hier überhaupt nichts zu geschehen.

Ich sinke tiefer nach innen, überlasse mich noch mehr der »Untätigkeit«. Ich fühle mich sehr entspannt. Ich erreiche den Grund des Nichtstuns. Es ist, als würde ich mit dem Fuß den Boden berühren. Das »Nichts« ist äußerst solide, sicher und tröstlich.

Ein Teil von mir, der in dieser Trance weiterhin wach ist, nimmt eine mir bis dahin unbekannte, sehr eigenartige Lebensform wahr. *Bevor du etwas tun kannst*, sagt er, *mußt du fähig sein, nichts zu tun. Dieses Etwas muß eine Entscheidung beinhalten, die aus der Richtigkeit des Nichtstuns resultiert.*

Ich koste diese Worte aus. »Bevor du etwas tun kannst, mußt du fähig sein, nichts zu tun.« Das klingt so einfach. Ich schwelge in dem Gefühl, nichts zu tun, nichts zu denken und nur die Stille zu empfinden.

Du mußt fähig sein, nichts zu tun, wiederhole ich leise. Mit jeder Repetition des Satzes werde ich um so ruhiger und gelassener. Was, wenn dies nicht nur ein kurzer Ausflug, sondern eine Lebensweise wäre? Was, wenn eine Kultur diese Ebene tiefen Friedens wirklich würdigen würde? Was, wenn man uns in der Kindheit beibrächte, nur solche Maßnahmen zu ergreifen und Ziele zu setzen, die diesem Zustand entstammen, die auf klaren Entscheidungen anstatt auf Gewohnheiten und Verpflichtungen beruhen? Ich kann es mir fast vorstellen.

Langsam komme ich wieder zu mir, genieße nicht nur das Gefühl der Untätigkeit, sondern empfinde auch die Wertschätzung, die ihr gebührt. Eine kleine Weile drehte sich alles um das Nichtstun.

Ich öffne die Augen, sehe vor mir die dichte, unbewegte Landschaft: Gras, Blätter, gebogene Äste. Nicht der leichteste Hauch weht. Nichts geschieht, und dieses Nichts ist so kostbar.

Gewiß ist es möglich, mit der Natur zu kommunizieren, während man sich bewegt. Henry David Thoreau ist bekannt dafür, daß er es auf seinen Spaziergängen tat. Und nachdem der Leichtathlet Roger Bannister die Meile in weniger als vier Minuten zurückgelegt hatte, sagte er: »Ich war mir meiner Bewegung nicht mehr bewußt und entdeckte eine neue Einheit mit der Natur. Ich fand eine Quelle der Kraft und der Schönheit, die ich mir nie hätte träumen lassen.«

Trotz Thoreaus und Bannisters erfolgreichen Bemühungen, beim Gehen oder Laufen zur Natur in Beziehung zu treten, mache ich selbst die tiefgreifendsten Kommunikationserfahrungen, wenn ich mich nicht von der Stelle rühre. Bevor ich das Zwiegespräch beginne, muß ich mich vielleicht strecken oder ein Stück weit marschieren, um verspannte Muskeln zu lockern oder überschüssige Energie abzubauen, aber meine eigentlichen Ziele sind Bewegungslosigkeit und Stille.

Sie gestatten mir, die inneren Vorgänge zu verlangsamen. Sie befreien meine Aufmerksamkeit, damit ich mich auf meine Gefühle konzentrieren kann. In seinem Buch über Meditation und Bewußtheit beschreibt Jon Kabat-Zinn prägnant, warum wir völlig zur Ruhe kommen müssen:

> *Wir müssen in unseren Erfahrungen lange genug innehalten, um den gegenwärtigen Augenblick tief in uns aufnehmen zu können; lange genug, um ihn tatsächlich zu* fühlen, *ihn in seiner Fülle zu erkennen, ihn im Bewußtsein zu behalten und dadurch besser zu verstehen.*

Im Arboretum begann ich mich in die Natur einzugewöhnen, indem ich versuchte, mich der Stille der Blätter anzupassen. Doch obwohl ich den Körper besänftigte, war mein Geist unruhig. Deshalb wandte ich eine Methode an, die dazu dient, den Gedankenfluß zu stoppen. Rufen Sie innerlich einfach *Halt!* oder *Langsamer!* Dann geben Sie Ihren Gedanken eine neue Richtung. Das klingt vielleicht albern, aber wenn Sie dabei konsequent sind, funktioniert es. In seinem Meditationsbuch *A Gradual Awakening* (Langsames Erwachen) empfiehlt Stephen Levine eine behutsamere Vorgehensweise: Nehmen Sie den jeweiligen Gedanken dadurch zur Kenntnis, daß Sie leise sagen: »Ich denke«, und richten Sie Ihre Aufmerksamkeit anschließend wieder auf den gewünschten Gegenstand.

Oft können Sie sich schon genug entspannen, wenn Sie dreimal tief ein- und ausatmen. Unterschätzen Sie nie die extrem positive Wirkung des bewußten Atmens. Im Grunde können Sie während Ihres Arbeitstages jederzeit drei tiefe Atemzüge machen und dadurch Ihre innere Spannung auf niedrigem Niveau halten. Beginnen Sie mit dem Einatmen, indem Sie den untersten Teil Ihres Bauches nach vorne drücken und dann die Luft in Bauch und Brust einströmen lassen. Wenn Sie ausatmen, nehmen Sie aufmerksam wahr, wie sich Ihre Muskeln entkrampfen. Legen Sie eine kleine Pause ein, um diese wunderbare Lockerheit zu genießen. Das ist der Augenblick, in dem sich Ihre Muskeln am meisten entspannen.

Achten Sie darauf, wie groß jetzt die Anspannung in Ihrem Körper ist. Welche Zahl auf einer Skala von null bis zehn würden Sie zur Kennzeichnung wählen, wenn null völlige Entspannung heißt und zehn totale Anspannung? Atmen Sie dreimal langsam ein und aus und taxieren Sie Ihren Zustand erneut. Durch diese 45-Sekunden-Übung reduzieren viele Menschen ihre innere Spannung um mehrere Punkte.

Von fünf bis null rückwärts zu zählen, ist eine von vielen Techniken, die für schnelle Entspannung sorgen. Einige weitere habe ich in den Ratschlägen am Ende des Kapitels aufgelistet. Sobald Sie mit ihnen vertraut sind, bekommen Sie ein Gespür dafür, in welchen Situationen eine kurze Unterbrechung mit einer Übung zur schnellen

Entspannung Ihre Freude, Ihre Aufmerksamkeit und Ihre Produktivität steigert. Entgegen Ihrer Befürchtung, Sie würden dabei einschlafen, wird eine Energie frei, die zuvor in den Muskeln blockiert war, so daß Sie danach weitaus vitaler sind. Sich zu entspannen ist eine Fertigkeit wie jede andere. Je öfter Sie sie üben, desto schneller wird Ihr Körper darauf ansprechen.

Als ich im Arboretum ruhig genug war, um mich zu konzentrieren, und mich so weit lockerte, daß meine Muskeln reagierten, entdeckte ich Wörter, die einen starken Widerhall in mir hervorriefen. Als ich sie wegen ihrer wohltuenden Wirkung wiederholte, entspannte ich mich noch mehr. Manchmal beginne ich den Eingewöhnungsprozeß, indem ich mir solche beruhigenden Wörter wie »Laß los«, »Sei gelassen« oder »Friede« immer wieder vorsage.

Im folgenden benutze ich eine weitere wichtige Technik, die darauf abzielt, Grenzen zu setzen. Die meisten von uns haben ein Problem, das ich als »Entscheidungsstörung« bezeichne. Es bereitet uns Schwierigkeiten, uns für eine Sache oder Maßnahme zu entscheiden, weil wir unserer Meinung nach fähig sein sollten, alles zu erkennen und alles zu tun. Wir hassen es, nein zu sagen oder uns selbst einzuschränken, weshalb wir ständig zuviel machen wollen und am Ende ganz verzweifelt und aufgelöst sind. Mit dieser Gewohnheit brechen wir, indem wir eine Grenze ziehen. Sie bringt zum Ausdruck: »Ich habe meine Wahl getroffen. Ich habe mich entschieden.«

Im Naturschutzgebiet Beaver Pond bei Bellingham, Washington Mai

Ich habe zwanzig Minuten Zeit. Ein Teil meiner Gruppe, auf Exkursion in Sachen Naturschutz, schlendert um den Beaver Pond, während der andere Teil den Hügel hinauf und wieder herunter geht. Als man mir sagte, ich könne diese Zeit nach Belieben frei verbringen, erwiderte ich, ich würde gern einfach nur auf diesem Baumstamm sitzen. Jedenfalls sollen wir in einer halben Stunde wieder bei den Autos sein.

Es fällt mir schwer, mein inneres Gleichgewicht herzustellen. Auf der Jahresversammlung des Naturschutzbundes heute morgen war ich wie vom Schlag getroffen. Allgemein zu befürchten, daß die Wildnis verschwindet, ist eine Sache; aber einen Experten sagen zu hören, daß sich der Naturschutzbund in den nächsten zehn Jahren neue Ziele setzen müsse, weil es dann im Staat Washington keine Wildnis mehr zu bewahren gebe, ist eine ganz andere.

Auf dem feuchten Moos, das den Baumstamm bedeckt, breite ich Blätter meines Schreibpapiers aus, um mich darauf zu setzen. Der Stamm erstreckt sich in den Sumpf wie ein Pfad in eine fremde Welt. Zwanzig Minuten reichen mir nicht aus, um langsam in die Stille zu gleiten; ich muß mich regelrecht hineinstoßen.

Ich beschließe, eine schnelle 4-3-2-1-Selbsthypnose durchzuführen: Man benennt vier sichtbare Erscheinungen, vier Geräusche, vier körperliche Empfindungen; dann jeweils drei, dann zwei und schließlich eine.

»Vier: Ich sehe den blauen Himmel, ich sehe die hohe Tanne, ich sehe das sanft wogende Wasser, ich sehe das nasse Moos.

Ich höre den Wind in den Bäumen, ich höre die schwächer werdenden Stimmen der Menschen auf der Exkursion, ich höre das Vogelgezwitscher, ich höre meinen eigenen Atem.

Ich spüre die Hand auf meinem Knie, ich spüre die warme Sonne auf meinem Arm, ich spüre meine Brust, die sich hebt und senkt, ich spüre, wie meine Gesichtsmuskeln sich entspannen.

Drei: Ich sehe die Wasserpflanzen, ich sehe das Glitzern auf der Wasseroberfläche, ich sehe meinen Fuß.

Ich höre eine Fliege summen, ich höre eine platschende Ente, ich höre mich schlucken.

Ich spüre meinen Fuß, der gegen den Baumstamm drückt, ich spüre, wie ich tiefer in mich sinke, ich spüre, daß meine Schultern lockerer werden.

Zwei: Ich sehe, wie das Wasser am Baumstamm ruht, ich sehe abgefallene Rinde.

Ich höre den Wind, ich höre den Ruf einer Krähe.

Ich spüre meine Arme am Körper, ich spüre, wie sich beim Blinzeln die Augenlider schließen.

Eins: Ich sehe Gras.

Ich höre das Klingen in meinen Ohren.

Ich spüre in meinem ganzen Körper eine entspannte Schwere.«

Ich hole tief Atem. Jetzt bin ich präsenter. Mein schwerer Körper fühlt sich mit dem Boden hier verbunden. Meine Sinne sind wach.

Ich weiß, daß ich in zwanzig Minuten weder alles sehen noch mit allem kommunizieren kann. Der umherschweifende Blick entfernt mich zu weit von meiner inneren Mitte. Ich muß eine Grenze setzen. Also stelle ich mir vor, daß ich in einer großen Blase bin, die den Sumpf in einem Umkreis von acht Metern einschließt, und bezeichne sie als mein Zuhause. Ah, ja, das ist schon besser. Wenn ich meine Aufmerksamkeit nur auf mein kleines Gewölbe richte, werde ich noch ruhiger.

Dann schließe ich die Augen und stelle mir vor, daß sich jener geistige Kern in der Nähe meines Herzens befindet. Ich befreie ihn, damit er die Blase ausfüllt. Jetzt ist die Umgebung ein Teil von mir – das Schimmern des Wassers leuchtet in meiner Brust, das Schilf steht hoch in meinem Innern. Die Energie, die sie ausstrahlen, glüht in meinem eigenen Stamm.

Alle Dinge innerhalb dieses größeren Kreises um mich herum haben jetzt eine unerwartete Klarheit. Ich schaue nach unten und beobachte eine Kaulquappe, die sich zappelnd zum Baumstamm bewegt. Jedes Detail ihres Körpers sticht hervor, als läge es unter einem Vergrößerungsglas. Während der Schwanz immer neue S-Formen zeichnet, habe ich fast das Gefühl, daß das Wasser an meinem Körper entlanggleitet.

Alle Aufregung ist von mir gewichen. Ich bin froh, mich auf das zu konzentrieren, was sich direkt unter mir abspielt. Mir ist, als könnte ich ewig diese Kaulquappe betrachten, aber auch andere Wesen sind so sonderbar, daß ich sie nicht ignorieren kann. Große, wie Käfer aussehende Insekten paddeln auf unsichtbaren Straßen unter Wasser, wobei jedes eine Luftblase wie ein Tauchgerät benutzt. Die dünnen schwarzen Beinchen rudern vor und zurück, vor und zurück.

Alle Tiere in dieser kleinen Welt sind mit den Dringlichkeiten ihres Lebens beschäftigt. Wie seltsam, daß ich von diesem ganzen Drama meistens nichts mitbekomme. Vor einer Viertelstunde stand ich mit zwölf Personen auf diesem Baumstamm und starrte über das Wasser auf den Fischadler und die toten Bäume, ohne mir der Käfer bewußt zu sein.

Feine Tröpfchen balancieren auf den Blättern der Pflanzen, die sich über die Wasseroberfläche ranken. Woher haben sie diese Edelsteine? Es hat seit Tagen nicht geregnet. Hat eine Ente das Wasser in die Höhe gespritzt? Oder haben die Blätter den Tau von heute morgen konserviert? Wie wenig ich doch weiß über die fundamentalen Vorgänge des hiesigen Lebens!

Zwanzig Minuten mit der Natur innerhalb einer Grenze, die meine Aufmerksamkeit beschränkt und auf das Wesentliche lenkt, sind genug. Diese Kaulquappen, diese Käfer und diese Tröpfchen auf den Blättern reichen vollkommen aus. Entspannt kann ich mich all dem hingeben in der Gewißheit, daß ein so tiefes Gefühl der Verbundenheit mich mehr erfrischt, als hin und her zu laufen und Eindrücke zu sammeln. Dieser Friede und dieses schimmernde

Sonnenlicht strömen in mich ein und bescheren mir einen Zustand, in den ich gegebenenfalls zurückkehren kann. Ich fühle mich wie eines der Blätter, das ein Tröpfchen eingefangen hat, nur daß mein Tröpfchen aus Schönheit besteht. Ein einziges davon in meinem Herzen ist gleichbedeutend mit Hülle und Fülle.

Am Beaver Pond stand mir für das Zwiegespräch mit der Natur ebensowenig Zeit zur Verfügung wie im Arboretum, also traf ich zuerst einmal die Entscheidung, es zu beginnen; dann gewöhnte ich mich an die Umgebung, indem ich innerlich losließ und eine Grenze setzte. Im Arboretum saß ich an einer Stelle, die eine natürliche Grenze hatte: Büsche und Gras schränkten mein Gesichtsfeld ein. Am Beaver Pond mußte ich mir eine Grenze schaffen, damit die äußere Vielfalt mich nicht überwältigte. Die bewußte Reduzierung der Wahlmöglichkeiten und der Eindrücke wirkt automatisch beruhigend.

Die Grenze am Beaver Pond zog ich auf zweierlei Weise: Ich stellte mir eine Blase vor, die ein kleines Gebiet in meiner Nähe umfaßte, und ich übte mich in Selbsthypnose. Die 4-3-2-1-Methode entspannte mich nicht nur; sie aktivierte anstelle des Denkvermögens die Sinne und lenkte meine Aufmerksamkeit auf jeweils nur eine Sache. Mit jeder Serie optischer, akustischer und spürbarer Empfindungen konzentrierte ich mich auf die unmittelbaren Reaktionen meines Körpers. Mein Bewußtsein war eingeschränkt und arbeitete langsamer. Ich fand mich um so schneller in meiner Umgebung zurecht, als ich meiner Entspannung Ausdruck verlieh und zum Beispiel sagte: »Ich spüre, daß meine Schultern lockerer werden, und ich spüre, wie ich immer schwerer werde.«

Manchmal entspannt mich diese Übung zu sehr, und ich habe das Gefühl, in tiefe Trance zu fallen. Wenn ich kommuniziere, möchte ich entspannt und doch aufmerksam sein.

Probieren Sie die 4-3-2-1-Übung doch gleich einmal aus, um herauszufinden, ob sie Ihnen liegt. Man braucht etwa zwei Minuten, um sich jene drei mal zehn verschiedenen Wahrnehmungen bewußtzumachen, die sie verlangt. Wenn Sie in Ihrer Umgebung nicht zehn unterschiedliche Geräusche hören können, dann wiederholen Sie jene, die Sie bereits erwähnt haben. Es wird Sie überraschen, wie sehr Sie sich in zwei Minuten entspannen!

Beschließen Sie, zu kommunizieren, ruhig zu sein, die angestrengte Gemütsverfassung aufzugeben, sich zu entspannen, eine Grenze zu setzen und darauf zu achten, was als nächstes passiert. Diese scheinbar so einfachen Schritte sind derart effektiv, daß Sie oft gar nicht mehr tun müssen.

Ratschläge für die Eingewöhnungsphase:

1. Beschließen Sie, ein Gefühl der Verbundenheit mit der Natur zu empfinden.
2. Kommen Sie ganz zur Ruhe. Benutzen Sie einen ruhenden Gegenstand in Ihrer Nähe gleichsam als Vorbild.
3. Unterbrechen Sie Ihren Gedankenfluß, um Ihren inneren Druck loszuwerden.
4. Schöpfen Sie dreimal tief und langsam Atem.
5. Wiederholen Sie während der Kommunikation im Grünen jeden entspannenden Ausdruck oder Satz, der Ihnen einfällt.

6. Entdecken oder schaffen Sie eine Grenze und konzentrieren Sie sich auf das Geschehen diesseits der Grenze.
7. Machen Sie eine Entspannungsübung:
   a. Zählen Sie langsam von fünf bis null. Bei jeder Zahl lassen Sie noch mehr los. Sie können jeweils Ihre Grundspannung abbauen oder sich von der Haut durch die Muskelschichten ins Zentrum der Organe und Knochen vorarbeiten. Null bedeutet: totale Entspannung.
   b. Dehnen und strecken Sie sich fünfzehn Sekunden lang; entkrampfen Sie speziell das Genick und die Schultern.
   c. Stellen Sie sich vor, daß die Anspannung von der oberen Kopfpartie durch den Körper nach unten fließt und an den Finger- und Zehenspitzen ausströmt. Geben Sie ihr eine Farbe und beobachten Sie, wie diese über Gesicht und Hals, Schultern und Arme, Brust, Rücken und Becken, durch Organe und Wirbelsäule in die Beine gleitet. Spüren Sie dabei, wie sich Ihre Muskeln entspannen.
   d. Stellen Sie sich vor, Sie wären eine Tasse voll Wasser, und die Entspannung sei ein Tropfen

Tinte, der in Sie hineinfällt. Betrachten und fühlen Sie diesen Tropfen, während er sich langsam in Ihrem Körper ausbreitet.

e. Schließen Sie die Augen und sagen Sie sich langsam einige beruhigende Wörter. Ich bevorzuge: »Werde leer ... Entspanne dich ... Sei ganz ruhig ... Werde weich ... Laß los ... Sinke tiefer ... Atme.«

f. Stellen Sie sich vor, Sie wären eine Wolke. Spüren Sie die warme Sonne auf Ihrem Rücken. Achten Sie auf die Räume zwischen Ihren Wassertröpfchen. Treiben Sie dahin.

g. Benutzen Sie die 4-3-2-1-Selbsthypnose-Übung. Sagen Sie sich jeweils vier Dinge, die Sie sehen, hören und spüren. Dann drei, dann zwei, dann eines.

In diesem Kapitel entdecken Sie die nachhaltige Wirkung der direkten Naturerfahrung ohne die Vermittlungsfunktion der Sprache. Wenn Sie still sind, können Sie passiv, empfänglich und ganz offen sein.

Sie können die Stille benutzen, um sich auf die Natur einzustellen oder um nach dieser Eingewöhnungsphase einen Zustand tieferer Entspannung und wacherer Bewußtheit zu erreichen. Dieses Kapitel zeigt Ihnen, wie man durch das Atmen, das Zuhören, die verlangsamte Bewegung und die Aufmerksamkeit der Sinne eine friedliche Geistesverfassung erlangt und bewahrt.

4
DIE STILLE BENUTZEN

Die meisten von uns haben keine große Erfahrung mit der Stille. Wir verschließen unsere Türen und Fenster, um den Lärm der Straße abzustellen, aber dann schalten wir den Fernseher oder das Radio ein. Und sobald wir tatsächlich einmal die Stereoanlage im Wohnzimmer ausmachen, stellen wir fest, daß der Radiosprecher in unserem Kopf immer noch weiterredet.

Vor vielen Jahren las ich einige Bücher der Anonymen Alkoholiker, und dabei sprang mir ein Satz in die Augen: »Welchen Sinn hat das Gebet, wenn du dir nicht die Zeit nimmst, auf eine Antwort zu lauschen?« Sehr richtig, dachte ich. Also saß ich still da und versuchte, eine Minute lang zu schweigen und nur zu lauschen.

Es funktionierte nicht. Meine Gedanken schweiften ständig ab. Ich konnte es nicht fassen und probierte es noch einmal. Auch diesmal schaffte ich keine ganze Minute.

Seither habe ich mich bemüht, meinen Geist zum Schweigen zu bringen und der Natur zu lauschen. Dabei stieß ich auf einige Methoden, die den Weg zur inneren Ruhe ebnen, und fand heraus, wie machtvoll die Stille ist.

Still zu verharren, ist für mich eines der besten Mittel, die Begegnung mit der Natur einzuleiten oder zu vertiefen, weil es mir hilft, mich einzugewöhnen und empfänglich zu sein. Sobald ich beschließe, still zu werden, halte ich die Zügel nicht länger in der Hand. Anstatt zu sprechen, höre ich zu, und anstatt die Führung zu übernehmen, folge ich. Ich bin gewissermaßen eine Satellitenschüssel, kein Funkturm. Rabbi Dov Baer, ein großer Lehrer des mystisch inspirierten Chassidismus, schrieb einmal: »Du sollst nichts anderes sein als ein Ohr, das hört, was die Welt des Wortes in deinem Innern sagt. In dem Augenblick, da du hörst, was du selbst sagst, mußt du es unterbinden.«

Die Stille befreit die Nervenbahnen in meinem Gehirn von meinen Gedanken, damit die Geräusche, Gerüche und sichtbaren Dinge der Natur in mich einströmen können. Darüber hinaus reinigt sie die Nervenbahnen in den Muskeln und Organen meines Körpers, der normalerweise derart intensiv auf meine Gedanken reagieren muß, daß er den Reichtum sinnlicher Eindrücke in der äußeren Welt kaum mehr wahrnimmt. Die Stille schafft im Innern eine Leere.

Wenn ich still und offen bin, fordere ich mich auf, die täglichen Gewohnheiten vollkommen aufzugeben. Im Alltag bin ich ständig damit beschäftigt, Verantwortung zu tragen und nachzudenken; »passiv« ist geradezu ein Schimpfwort. In der Natur hingegen ist es ein wesentliches Wort. Die Natur durchdringt nur selten die verbalen Mauern, die ich um mich herum errichte; ich selbst muß eine Öffnung schaffen.

Luther Burbank, ein Botaniker aus dem frühen zwanzigsten Jahrhundert, der durch Kreuzung über achthundert neue Pflanzenarten schuf, gab jedem, der von der Natur lernen wollte, folgenden Rat:

> *Vorgefaßte Ideen, Dogmen und alle persönlichen Vorurteile und Abneigungen muß man hinter sich lassen. Lausche geduldig, still und ehrfürchtig den einzelnen Lektionen, die Mutter Natur zu lehren hat… Sie übermittelt ihre Wahrheiten nur denen, die passiv und empfänglich sind.*

Sie brauchen nicht in die Wildnis zu gehen, um das Stillsein in der Natur zu erlernen. Auf dem Schulhof des Gymnasiums, das nur fünf Blocks von meinem Haus entfernt liegt, stehen herrliche Turngeräte: Kletternetze, breite Plattformen, Rutschbahnen. Eines Morgens, bevor die Kinder kamen, saß ich auf einer Plattform und kommunizierte in aller Stille mit der Natur. Dabei halfen mir zwei Dinge, die für dieses Zwiegespräch in der Stadt oft wichtig sind: Es war so früh, daß noch niemand unterwegs war, und ich hatte meinen »unentbehrlichen Begleiter« mitgenommen – die große Plastiktüte, die als Unterlage dient und mich vor Wasser und Schmutz schützt.

Leschi School, Seattle November

Es ist so früh, daß das Gras immer noch naß ist und die Luft einen frösteln läßt. Auf der Suche nach einer Stelle, wo ich den Dialog mit der Natur beginnen kann, ersteige ich ein Klettergerüst und breite meine Plastiktüte auf der feuchten hölzernen Plattform aus.

Ich lese ein bißchen, lege mich dann hin, um auszuruhen. Plötzlich ist meine Welt ein leuchtender blauer Himmel, übersät mit weißen Wölkchen. Entzückt beschließe ich, eine Minute lang innerlich still zu werden. Ich zähle langsam zwölf Atemzüge, ein und aus, ein und aus, und versuche, mich entspannt der großen blauen Stille hinzugeben.

Es ist nicht so schwer, still zu sein, wie es oft den Anschein hat. Mein geschäftiger Verstand läuft noch nicht auf Hochtouren, außerdem habe ich die letzte halbe Stunde einige meiner früheren Tagebucheintragungen gelesen, die von Kommunikationserlebnissen im letzten Frühjahr handeln. Diese helfen mir immer, ins Gleichgewicht zu kommen.

Zwölf Atemzüge dauern lange. In der Stille bemerke ich zuerst die rasch aufeinanderfolgenden Eindrücke: kühle Windstöße auf meinem Gesicht, raschelnde Blätter, singende Rotkehlchen, der Geruch von nassem Gras. Ich bin erstaunt über diese Fülle, die ich nicht wahrnahm, als ich mich auf meine Lektüre konzentrierte.

Dann werden mir die inneren Vorgänge bewußt: die Entspannung der Muskeln, der sanft vibrierende Körper, der Herzschlag. Ich überlasse mich der zarten Empfindung, nichts zu forcieren. Auf behutsame Weise umhüllt und erfüllt mich die Lebenskraft.

Gewöhnlich muß ich ganz still sein, ehe ich mich mit ihr verbunden fühle. Nur selten unterbricht sie meinen redseligen Geist, um sich mit mir zu verbinden.

In völliger Stille zwölfmal tief Luft zu holen – das klingt einfach, nicht wahr? Aber dem ist nicht so, glauben Sie mir. Versuchen Sie es doch gleich einmal. Legen Sie dieses Buch auf Ihren Schoß und machen Sie zwölf Atemzüge, ohne an irgend etwas zu denken. Das dauert ungefähr eine Minute.

Um in eine ruhige Gemütsverfassung zu kommen, sollte man, wie einige Meditationslehrer empfehlen, darauf achten, wie sich der Atem anfühlt, wenn er die Nasenspitze passiert. Damit richten Sie Ihre Aufmerksamkeit auf eine nicht verbale Angelegenheit, so daß sich Ihr Geist leichter entspannen kann.

Sobald ich das tue, konzentriere ich mich mühelos auf das Ein- und Ausatmen. Beide Bewegungen erzeugen einen Kitzel, ein leichtes Beben und flüsternde Geräusche, um meinen Geist zu unterhalten. Aber in dem stillen Augenblick nach dem

Ausatmen drängen sich Gedanken in die Lücke und sorgen dafür, daß ich abschweife.

Deshalb lege ich Wert darauf, mich auf diese Pause zu konzentrieren. Entweder zähle ich meine Atemzüge und sage während der kurzen Zwischenphase die jeweilige Zahl, oder ich achte auf das Gefühl der Ruhe und den Ton der Stille, auf die ich dort stoße. Mein einziges Ziel besteht darin, an dieser heiklen Stelle meine geistige Ruhe zu bewahren.

Jetzt sind Ein- und Ausatmen fast übermächtig. Ich warte auf den köstlichen Moment der Stille dazwischen. Ich nehme das Geräusch wahr und fühle das Auf und Ab meiner Atemzüge. Dann tauche ich ein in die Stille, die mir wie mein wahres Zuhause erscheint.

In seinem Werk *Das tibetische Buch vom Leben und Sterben* beschreibt Sogyal Rinpoche den Raum zwischen zwei Atemzügen folgendermaßen:

> *Jedesmal, wenn du ausatmest und bevor du wieder einatmest, wirst du feststellen, daß eine natürliche Lücke entsteht, da du nichts mehr erstrebst.*

Verharre in dieser Lücke, diesem offenen Raum. Und wenn du dann instinktiv einatmest, so konzentriere dich nicht besonders auf die einströmende Luft, sondern laß auch weiterhin deinen Geist in der Lücke ruhen, die sich aufgetan hat.

Die Lehrmeister der Meditation betonen, daß selbst jene Menschen, die mit dieser Entspannungstechnik vertraut sind, sich etwa fünf bis fünfzehn Minuten durch geistigen Müll kämpfen müssen, ehe sie Phasen der Stille erreichen. Was für eine tröstliche Nachricht! Ich hatte schon befürchtet, meine innere Unruhe würde darauf hindeuten, daß ich besonders neurotisch sei. Dabei muß ich wohl einfach nur fünf bis fünfzehn Minuten durchhalten, um eine Minute Stille zu erfahren.

Wenn ich mich also hinsetze, um in und mit der Natur still zu sein, beginne ich oft damit, daß ich einhundert Atemzüge zähle. Auf diese Weise kann sich der geistige Unrat langsam »absetzen«. Sogar in der Wildnis, wo ich hoffe, die Stille mühelos zu finden, muß ich häufig gewisse Anstrengungen unternehmen, um meinen Geist zu besänftigen.

Banff National Park, Alberta, Kanada Juli

Ich habe meinen Liegestuhl ans Ufer des Upper Waterfowl Lake gestellt. Durch den störenden Lärm des Straßenverkehrs hindurch lausche ich den Melodien des Sees und der Vögel. Wenn einmal gerade keine Autos vorbeifahren, kann ich manchmal die Wasserfälle über den Mount Chephren rauschen hören.

Vom fernen Ende des Sees dringt der Ruf eines Seetauchers. Hinter mir schwatzen und rufen kleine Vögel. Plötzlich fällt mir die Antwort meiner Freundin Liz ein, die ich gefragt hatte, was sie tue, um mit der Natur kommunizieren zu können. »Ich lausche«, sagte sie.

Der See beruhigt. Kleine Wellen gleiten auf mich zu und brechen sich lautlos am Ufer. Der Wind bläst gegen meinen Hinterkopf und gegen die herannahenden Wellen, die sich sanft kräuseln.

Meine Partnerin Sandra Jo geht den Strand

entlang, um mir Gesellschaft zu leisten, ihren leuchtend rosafarbenen Liegestuhl hinter sich herziehend. Wir reden darüber, wie man Tofu mariniert und wie sie ihren nächsten Springbrunnen gestalten wird. Dann sagt sie: »Bring mir eine Kommunikationsübung bei.«

»Das ist eine, die ich manchmal mache«, erwidere ich. »Zähl deine Atemzüge und sag am Ende des Ausatmens in Gedanken die jeweilige Zahl. Versuch während des Zählens an nichts anderes zu denken. Laß die Augen bei den ersten zehn Atemzügen geschlossen und öffne sie dann bei den nächsten zehn. Schließe sie wieder bei den darauffolgenden zehn und immer so weiter. Wenn du bei hundert angekommen bist, hörst du auf zu zählen und bemühst dich einfach nur, eine ruhige Geistesverfassung zu bewahren.«

Während ich meine Augen schließe, um zu zählen, spüre ich allzu deutlich den Wind, der mir ins Genick bläst. Er ändert seine Richtung wie ein Boxer. Als ich bei Zehn angelangt bin und meine Augen öffne, sehe ich, wie es auf den Bergspitzen ringsum in Strömen regnet. Ein donnerndes Geräusch hallt über den See. Ein Seetaucher schreit.

Ich schließe meine Augen wieder und versinke in der Welt des heftigen Windes und des dröhnenden Verkehrslärms. Als ich die Augen öffne, zähle ich bei jedem Atemzug einen Gipfel, von den fernsten bis zu den näher gelegenen. Ich beobachte die Regenwolken und das gekräuselte Wasser.

Als ich zum dritten Mal die Augen aufmache, bin ich bereit, keine einzelnen Dinge mehr zu betrachten. Ich lasse meinen Blick auf der ganzen Szenerie ruhen, lasse alles gleichzeitig in mich einströmen, ohne irgendwelche Absichten zu hegen. Ich sehe ein in zwei Hälften geteiltes Mandala. Die untere besteht aus sanft wogendem Türkis, die obere aus grauen Gipfeln in einem mit Wolken übersäten Himmel.

Mein Atem geht langsamer, und ich entspanne mich tiefer. Es fällt mir schwer, die Lider zu senken und geschlossen zu halten.

Bei der Zahl hundert schmecke ich eine süße Stille, die mehr ist als Stille. Es ist, als würde ich mich durch meine innere Stille mit der

Sprache der Stille verbinden, die das Land spricht. Selbst wenn ich besorgt bin wegen des Wetters, das der Wind in meinem Rücken hierher treibt, ist es doch die Stille zwischen den Wörtern in meinem Kopf, die mich beschäftigt.

Ich merke, daß ich ruhiger und leichter atme, wobei selbst dieses leise Rauschen mein Bewußtsein von dem größeren Atem und der Stille ringsum nicht beeinträchtigen soll. Ich lausche erneut, genau wie nach meiner Ankunft, aber meine Empfindung ist anders. Ich höre nicht auf Geräusche. Ich bin Teil der Stille, durch die hindurch Geräusche treiben.

Der Wind singt durch die Fichten hinter mir. Winzige Tröpfchen sprenkeln meine Hände. Trotzdem nehme ich deutlich die Stille wahr, die diesem Vorgang zugrunde liegt. Sie breitet sich unter und zwischen den Geräuschen aus wie die weiße Seite unter und zwischen gedruckten Worten. Schwalben schnellen über den See; eine Amsel pickt hier und da am Strand; kleine Wellen schieben sich auf den Kies – und all das geschieht ohne einen Laut.

Wir meditieren zwanzig Minuten lang. Am Ende sagt Sandra Jo: »Es hat geklappt! Ich habe nicht aufgehört zu zählen, und bei hundert war es leichter, still zu bleiben oder mich wieder in die Stille zurückzubringen. Und als ich bei hundert angekommen war, hatte ich's auch gar nicht mehr eilig, das ganze zum Abschluß zu bringen. Es war schwieriger, als die Augen offen waren, aber durch den Wechsel blieb ich konzentriert.«

Ich sage ihr: »Ich glaube, ich habe diese Übung nur erfunden, weil ich es nicht ertragen kann, an einem wunderbaren Ort zu sein, ohne ihn mir genau anzuschauen. Aber ich kann auch mit offenen Augen nicht wirklich meditieren. Es ist also ein Kompromiß.«

Wenn ich lange genug still bin und meine Konzentration auf einem bestimmten Niveau halte, geschieht etwas Ungewöhnliches. Dann bin ich nicht nur empfänglich – ich verbinde mich mit der Natur. Ich habe ein Gefühl von Einheit, so als wären wir absolut gleich. Meine Luft ist dieselbe wie ihre. Mein Stoff ist mit dem ihren identisch.

Ich verschmelze mit der Natur, indem ich ihre primäre Sprache benutze – die Stille. Ich füge mich ein, indem ich die künstlichen Grenzen beseitige, die Wörter und Analysen zwischen uns errichten.

Im *Banff National Park Newsletter* beschreibt R. W. Sanford, wie er diese von der Stille bewirkte Vereinigung erlebt:

> *In den Phasen der Stille zwischen den gemurmelten Sätzen des Flusses suche ich jenen kurzen Augenblick der Vereinigung, da das Universum mich genau fixiert und ich schüchtern auf das winzige Bild zurückblicke, das ich auf dem Spiegel seines wachen Auges hinterlasse. Zeit und Fels und Eis verschmelzen miteinander, und innere und äußere Welt sind schließlich eins. Der Wert dieser Wildnis liegt darin, daß die ebenso kurze wie energiegeladene Vereinigung mich zu einem ganzen Menschen macht.*

Manchmal mache ich keine besondere Übung, um zur Stille zu gelangen. Wie das folgende Erlebnis zeigt, genügt vielleicht schon der Entschluß, ganz still zu sein, wenn ich ihn bewußt treffe. Ich bemühe mich um diesen Zustand, und dabei entdecke ich wichtige Techniken: mit offenem Mund zu atmen, mich im Zeitlupentempo zu bewegen und die Räume zwischen den Dingen zu betrachten.

Point Defiance Park, Tacoma, Washington

November

In letzter Zeit war mein Leben so hektisch und laut, daß ich den Park brauche, um zu mir zu kommen. Zunächst unternehme ich einen flotten Spaziergang von einer Viertelstunde Dauer. Mehr schaffe ich nicht wegen meines verstauchten Knöchels. Ich mache Halt vor einem riesigen Ahorn, geschmückt mit saftigem Moos und zartem Farn, und fordere mich auf, geistig entspannt zu bleiben. Mein Atem ist ruhig. Ich spüre, wie mein Herz schlägt und meine Muskeln lockerer werden.

Auch der Ahornbaum ist still. Ein paar gelbe Blätter sinken sanft und geräuschlos auf einen tieferen Ast. Um den Stamm spielen Schatten, und kein Ton ist zu vernehmen. Die kühle Luft ist erfüllt vom Duft süßer Zedern und verdorrten Laubs.

Ich höre einen Vogel über meinen Kopf flattern und ein Blatt zu Boden fallen. Im Zeitlupentempo gehe ich weiter. Jeder Schritt knirscht auf dem Blätterteppich, während ich mich durch die tiefe Stille bewege.

Ich halte erneut inne, als mein Gesicht fast einen Zedernzweig berührt, der an einem langen Faden aus Spinnenseide baumelt. Der Zweig dreht sich und schaukelt in einer Brise, die zu zart ist, als daß meine Haut sie wahrnehmen könnte. Ich blase dagegen. Mein Atem ist laut. Der Zweig tanzt wild in der absoluten Stille.

Wenn ich in der Stille stehe und gehe, habe ich das Gefühl, mit der Luft und der Lebenskraft vereint zu sein. Die Stille der Luft durchströmt meine Brust und meinen Kopf. Ich bin keine Besucherin mehr, sondern Bestandteil dieses Ortes. Wenn mein Inneres ebenso ruhig ist wie die äußere Welt, teile ich mit ihr die wichtigste Eigenschaft. Stille bedeutet, in der Wirklichkeit der Natur zu sein – und nicht in der Wirklichkeit, die die Stimme in meinem Kopf erzeugt.

In der Stille fühle ich mich nackt und verwundbar. Offenbar errichten die Wörter in meinem Kopf einen Schutzwall, indem sie meine Blicke lenken und nur bestimmte Aspekte der Wirklichkeit benennen. Jetzt aber treffen die Geräusche, Gerüche und Bewegungen ungehindert auf meine Sinne. Meine Haut kribbelt, und meine inneren Organe scheinen sich im Schwall von Energie und Schönheit aufzulösen. Ich bin ein winziges Etwas im ebenso gewaltigen wie lautlosen Ruf des überschäumenden Lebens.

»Du lebst in der Stille, und ich lebe in der Stille«, sage ich laut. Doch sobald ich spreche, bin ich wieder getrennt von der Einheit, irgendwie anders. Ich kehre in die Stille zurück.

Ich trete hinter den Ahornbaum, die Füße vorsichtig auf orangefarbene Zedernzweige setzend, die leicht knistern. Ich höre einen Frosch quaken, ein Eichhörnchen rufen – und meine Hosenbeine, die sich aneinander reiben.

Ich lausche mit meinen Ohren, meinen Augen und meiner Haut. Die Luft ist geschwängert vom Geruch des Schlamms und der aromatischen Kiefern.

Ein kleines Flugzeug dröhnt über den Park hinweg, erschüttert die Stille ringsum. Dann verliert sich der Motorenlärm in der Ferne.

Ich merke, daß ich mit offenem Mund atme, um dabei jedes Geräusch zu vermeiden. Es ist schwer, so lange stillzuhalten. Das ganze gleicht einer isometrischen Übung: Die Gewohnheit, Gespräche im Kopf zu führen, kämpft vehement gegen die Absicht an, einfach nur zu schweigen. Sobald diese Entschlossenheit nur ein wenig nachläßt, siegt die Gewohnheit, und das Gerede beginnt von vorn.

Ich liege in einem Sonnenfleck und schaue hoch zu einem etwas schäbig wirkenden Ahorn. Ein Blatt glänzt golden in der Sonne, während oben im blauen Himmel eine zarte Wolke vorüberzieht. Ich betrachte die Räume zwischen den Ästen. Es ist leichter, die innere Ruhe zu bewahren, wenn ich mich auf diese Zwischenbereiche konzentriere. Die Luft dort ähnelt der Stille selbst – sie ist allgegenwärtig, unsichtbar und nahrhaft für jeden Ast oder jedes Wort, das sie durchquert.

Das Einswerden mit der Natur in der Stille ruft allerdings nicht nur friedliche Gefühle hervor. Überraschenderweise stellen sich manchmal auch Angst und Sorge ein, wenn man die Kontrollmechanismen aufgibt und der Welt ohne den Schutzwall der Wörter begegnet.

Gewöhnlich beschützen mich die Wörter, indem sie meine Aufmerksamkeit auf das lenken, was meinen Überzeugungen entspricht, oder indem sie das erklären, was mir widerstrebt. Wörter trösten mich oder mildern die Wirkung jener Ereignisse, die meiner Psyche zu schaffen machen könnten. Doch in der Stille kann *alles* meine Aufmerksamkeit erregen.

Die Stille fordert mich heraus, der Natur ohne inneren »Radiosprecher« zu begegnen, der mein Handeln und Erleben durch Argumente oder Warnungen beeinflußt. Ich fühle und reagiere auf das, was direkt vor meinen Augen liegt.

Der folgende Tagebucheintrag verblüfft mich noch heute. Ich war nur still und aufmerksam, und das reichte aus, um mich von der Überlastung durch meinen ruhelosen Geist über den

Eingewöhnungsprozeß zu einer beglückenden, aufregenden Verbindung mit der Natur zu führen. Ich saß im Park am Rande des Lake Washington, fünf Minuten von meinem Haus entfernt. Obwohl dieser Park ganz in der Nähe liegt, muß ich mich meistens aufraffen, dorthin zu gehen. Nur allzu leicht wird man bequem und bleibt einfach zu Hause. Aber sobald ich mich dann am Seeufer befinde, bin ich froh, daß ich mich aufgerafft habe.

Lake Washington Mai

Ich bin voller Sorgen aufgewacht. Das Haus muß dringend geputzt werden, der Wasserhahn repariert, das Wohnmobil in Ordnung gebracht und gepackt werden. Die undichte Stelle in der Gasflasche muß überprüft werden, die Batterie neu aufgeladen oder ausgetauscht werden, die Krankenversicherung muß meinen gegenwärtigen Lebensverhältnissen angepaßt werden. Die Liste ist endlos. Bereits um sechs Uhr morgens ist der Tag gelaufen, und ich habe schon keine Lust mehr, überhaupt anzufangen.

Ich nehme mir Tee und Melone mit auf die Veranda. Es regnet nicht, und es sieht auch nicht nach Regen aus. Ich könnte also nach dem Frühstück zum See hinuntergehen. Schon seit Tagen war ich nicht mehr dort.

Nur einen Augenblick bin ich zwischen Hausarbeit und Spaziergang hin und her gerissen. Ich kann mir nicht vorstellen, mit dieser schlechten Stimmung die zahlreichen Aufgaben zu erledigen. Vielleicht bringt mich der See auf andere Gedanken.

Ich fahre zum Park, nehme meinen Liegestuhl aus dem Auto und frage mich, wie ich die Sache angehen soll, wenn ich am Ufer bin. Soll ich meine Angst sprechen lassen? Soll ich versuchen, den Tag zu preisen?

Ich stelle meinen Liegestuhl auf. Ich bin mutlos, verzweifelt. Im Grunde glaube ich nicht daran, daß hier irgendeine Tätigkeit von Nutzen ist; warum also tue ich nicht einfach gar nichts?

Ich schließe die Augen, zähle meine Atemzüge und nenne die jeweilige Zahl in der Pause nach dem Ausatmen. Ich konzentriere mich auf diesen stillen Moment und achte darauf, wie mein Körper sich fühlt. Die Muskeln sind angespannt; die Traurigkeit übermannt mich.

Nur einige Atemzüge lang kann ich die Stille und meine Gefühle bewußt wahrnehmen, dann schweifen meine Gedanken ab. Ich besinne mich immer wieder von neuem. Ich übersetze die Gefühle nicht in Sprache, sondern bin einfach nur aufmerksam.

Beim sechsundsiebzigsten Atemzug kann ich stillhalten und den Schmerz wirklich empfinden. Er durchzieht meinen ganzen Körper. Ich versuche nicht, ihn zu verwandeln oder in Worte zu fassen. Ich halte einfach an meiner Absicht fest, nach jedem Ausatmen ruhig zu bleiben.

Beim hundertsten Atemzug öffne ich die Augen. Ich zähle weiter, fange wieder bei Nummer eins an. Während meine Augen geschlossen waren, hat die Sonne ihr gleißendes Licht über die Wasseroberfläche ausgegossen, also drehe ich mich um neunzig Grad vom Ufer weg und ziehe die Sonnenblende über die rechte Gesichtshälfte, um meine Augen zu schützen. Ich beobachte, wie das Wasser gegen einen Baumstamm im Sand schwappt. Er ist mein Fokus.

Innerhalb von fünf Atemzügen fange ich an zu weinen. Ich bin sprachlos. Ich bemühe mich nicht, daran etwas zu ändern. Ich zähle nach dem Ausatmen einfach weiter und konzentriere mich auf die Stille und auf das, was ich fühle.

Ich weine und schniefe bis zur Zahl hundert. Die Traurigkeit strömt langsam aus mir heraus, indes die Schönheit des gekräuselten Wassers um den Baumstamm in mich einsickert. Ich schließe die Augen, um abermals bis hundert zu zählen.

Bei geschlossenen Augen erwacht die Welt der Gerüche und Geräusche und Gefühle. Zwischen meinen Wimpern treten immer mehr Tränen hervor. Ich verstehe immer noch nicht, was da in mir vorgeht, aber nach dem Ausatmen klammere ich mich an die Zahlen und die Blase der Stille – wie eine Frau, die über Bord ging und sich an ihrer Schwimmweste festhält.

Wenn ich vollauf mit den täglichen Aufgaben beschäftigt bin, frage ich mich, warum ich so viel Energie aufwende, um zu meditieren. Jetzt sagt meine innere Stimme: *Ich habe das Recht, hier zu sein.*

Ich merke, daß ich tief durchatme. Der stille Teil in mir, den die meditative Stimme repräsentiert, dehnt sich zuerst in meinem Körper aus, dann außerhalb davon, um sich mit der stillen Luft über dem See zu vermischen. Dieses schweigsame Ich kann die Aufgaben auf der Liste zwar nicht erledigen, aber es hat ebenso ein Recht auf freie Zeit wie mein spielerisches Ich.

Ich genieße den süßen Duft eines Frühlingsmorgens nach einer Regennacht. Dieser Augenblick, da ich mich der Stille hingebe, erscheint mir wie eine sanfte Hand, die mich streichelt und tröstet. Die Vogelrufe sind zarte Pieptöne in der Stille. Selbst mein Schniefen ist nur ein Echosignal in der Atmosphäre vollkommenen Friedens.

Ich zähle weiter. Erneut öffne ich die Augen, und die Schönheit des Stamms zu meinen Füßen überwältigt mich. Meine Welt besteht aus numerierten Atemzügen, einer sanften Stille und Tränen, die in Wellen kommen und gehen.

Als das Schniefen nachläßt, fühle ich meine Stille sanft auf dem Wasser ruhen. Etwas im Innern kommt zum Stillstand: In diesem Augenblick bin ich eins mit dem Tag. Es ist, als hätte ich mich vorher mit zu hohem Tempo gedreht, um dem Tempo ringsum zu entsprechen. Schließlich finde ich den Rhythmus und die Ruhe des Tages, so daß ich mich mit ihm verbinden kann.

Es ist ein herrlicher Tag. Meistens wird die Sonne von großen grauen Wolken bedeckt; feuchte Luft berührt sacht mein Gesicht. Vögel und plätscherndes Wasser singen ihr Lied auf einer magischen, von Stille erfüllten Bühne. Die Stille zwischen den Tönen ist genauso wertvoll wie diese selbst. Ich trinke den Geruch des grünen Grases und der süßen Apfelblüten.

Auch nach zehn Minuten schwebt meine Stille noch über dem See. Ich habe das Recht, hier zu sein. Ich habe das Recht, still zu sein und die friedliche Erfahrung des Tages auszukosten.

Meine unbestimmte Angst ist verschwunden. Ich habe nichts anderes getan, als ihr in der Stille Beachtung zu schenken. Sobald die von einem vorbeifahrenden Boot verursachten Wellen ans Ufer klatschen, jagt diese Musik mir Schauer durch den Körper.

Trotz der Mühe, die es vielleicht macht, eine ruhige Geistesverfassung zu bewahren, und trotz des Unbehagens, das möglicherweise daraus resultiert, daß man die eigenen Kontrollmechanismen aufgibt, kann die stille Vereinigung mit der Natur ein Gefühl von Geborgenheit, ja von Heimat bewirken.

In ihrem Buch *Die Wolfsfrau* schreibt Clarissa Pinkola Estes auch über das Bedürfnis der Frau nach Natur und Schweigen:

> *Für solche Frauen ist der Wesensgrund nur in absoluter Stille erreichbar … Laß mich in Frieden, in den Frieden eintauchen. Der Wind in den Blättern des Baums vor dem Fenster ist Stille. Das Rauschen eines Gebirgsbachs ist Stille. Donnergrollen ist Stille. Die harmonische Ordnung der Natur, die nichts zurückverlangt, ist lebenspendende Stille.*

Leider ist der Zustand der Stille nur schwer zu erreichen. Man kann mit der Stille der Natur viel leichter kommunizieren, wenn in der Umgebung der Lärm der Zivilisation verstummt – aber sogar im Banff National Park, der im ersten Tagebucheintrag beschrieben wird, mußte ich gegen das Verkehrsgetöse ankämpfen. Ein Mann, der für Musiker Naturgeräusche aufzeichnet, erzählte mir, er könne kaum fünfzehn ungestörte Minuten in der Wildnis auf Band festhalten, weil überall Flugzeuge unterwegs sind.

Ich frage mich, wie die Welt wohl aussähe, wenn wir die Stille wirklich achten würden. Gerne stelle ich mir vor, daß ich eines Tages eine neue Stadt besuche, deren Plan mit grünen Rs übersät ist: mit *Ruhezonen* für den Naturkontakt, die die Bewohner eigens geschaffen haben. Vielleicht sind dann auch auf Landkarten viele dieser grünen Rs zu finden, die einem anzeigen, daß etwa an dem betreffenden Seeufer Abgeschiedenheit und Stille ganz besonders geschätzt werden.

Das ist eine schöne Wunschvorstellung, aber im Moment können wir nicht davon ausgehen, in der äußeren Welt Stille zu finden, weshalb wir sie in unserem Inneren herstellen müssen. Dies gelingt Ihnen mit am schnellsten, wenn Sie Ihre Empfindungen bewußt wahrnehmen. Gehen Sie barfuß oder kriechen Sie durchs Gras. Berühren, riechen, drücken Sie alles, was Ihnen begegnet – oder pressen Sie Ihre Wange dagegen. Lassen Sie Ihren Verstand nicht dazwischenfunken, genießen Sie einfach die sinnliche Erfahrung. Nach fünf Minuten, die Sie ausschließlich Ihren Sinnen und dem Schweigen widmen, sind Sie erfrischt und aufmerksam. Versuchen Sie es einmal in einer Kaffeepause!

Wie die Entspannung macht auch die Stille um so weniger Probleme, je mehr man sie einübt. Wenn das Stillsein in der Natur noch nicht zu Ihrem Repertoire gehört, dann sind Sie jetzt im Begriff, Ihr Leben enorm zu bereichern.

Ratschläge für den richtigen Umgang mit der Stille:

1. Zählen Sie Ihre Atemzüge und sinken Sie nach jedem Ausatmen ein in die Stille.
2. Zählen Sie Ihre Atemzüge. Schließen und öffnen Sie dabei jeweils nach dem zehnten Mal die Augen.
3. Lenken Sie Ihre Aufmerksamkeit auf die Stille und auf die geräuschlosen Objekte in Ihrer Umgebung.

4. *Beschließen* Sie, still zu sein.
5. Lauschen Sie.
6. Achten Sie auf die Regungen Ihres Körpers.
7. Atmen und bewegen Sie sich leise; bewegen Sie sich in Zeitlupe.
8. Nehmen Sie die Räume zwischen den Dingen wahr.
9. Unterbrechen Sie Ihren Gedankenfluß oder sagen Sie »Gedanke«, sobald ein solcher auftaucht, und konzentrieren Sie sich dann wieder auf die Stille.
10. Stellen Sie sich vor, der meditative Teil Ihrer selbst zu sein – oder ein anderer Teil, der die Stille genießt.
11. Seien Sie sich Ihrer Sinne bewußt.

In diesem Kapitel lernen Sie, für Ihren inneren Dialog die Verantwortung zu übernehmen, damit Sie die Wörter in Ihrem Kopf benutzen, um die Beziehung zur Natur zu vertiefen. Mit sich selbst zu reden und die Natur direkt anzusprechen sind zwei wichtige Methoden, die die Konzentration fördern und bewahren. Sie können bewußt solche Wörter wählen, die Sie in einen bestimmten Geisteszustand versetzen – oder jene Wörter beachten und von ihnen lernen, die Ihnen spontan einfallen.

5
DIE PASSENDEN WÖRTER BENUTZEN

Obwohl ich mich gern der Stille bediene, um mit der Natur zu kommunizieren, bin ich zu Beginn dieses Gesprächs oft noch nicht still. Mein Geist ist mit zu vielen Dingen beschäftigt, und dieses Gerede in meinem Kopf kann ich nur dadurch unterbinden, daß ich relativ laut zu mir selbst spreche.

Im ersten Kapitel habe ich erwähnt, wie ich Wörter benutze, um meine unruhige Gemütsverfassung »wegzupacken«: Ich liste auf, was ich zurücklasse, und ich bringe zum Ausdruck, was mir während meines Aufenthalts im Grünen Freude macht. Wenn das nicht ausreicht, rede ich weiter mit mir selbst. Ich hoffe, daß mein Geist nicht zwei Gespräche gleichzeitig führen kann – daß die hektische Stimme irgendwann aufgibt.

Am leichtesten blende ich meine Sorgen aus, indem ich meine Umgebung beschreibe. Sobald ich sage, was ich sehe, höre und fühle, bin ich automatisch gezwungen, auf die Dinge in der Nähe zu achten.

Manchmal jagt mir dann ein bestimmter Ausdruck Schauer durch den Körper. Dann hilft mir die Wiederholung des Wortes oder Satzes, konzentriert zu bleiben.

Außerdem entsteht durch Wortwiederholungen ein Muster in meinem Gedächtnis. Im Laufe des Tages kann ich den Ausdruck nochmals benutzen und das entsprechende Gefühl reaktivieren oder die Lektion abrufen, die ich während des Zwiegesprächs mit der Natur gelernt habe. Wörter sind eine wunderbare Art von Gepäck, sie beinhalten Erfahrungen, die wir überallhin mitnehmen können.

Der folgende Tagebucheintrag handelt von meinem Aufenthalt in Beachwood, dem kleinen Ferienhaus, das nur zwei Stunden von Seattle entfernt ist und das ich möglichst oft aufsuche. Obgleich dem Lärm der Flugzeuge und Boote ausgesetzt, ist es doch ein friedlicher Zufluchtsort fernab der Großstadt.

Beachwood Januar

Auf der Veranda über der Bucht sitzend, beobachte ich, wie die Wolken vorbeiziehen und die Möwen im Sturzflug hinunterstoßen. Aus dem Haus dringt Musik. Sie ist ausgesprochen ruhig und klar und könnte einen Film untermalen: *Eine Frau sitzt entspannt da und genießt zufrieden die Schönheit der Landschaft, die sich vor ihr ausbreitet.*

Irgendwie fällt es mir nie besonders leicht, dieses Gefühl von Zufriedenheit zu empfinden oder zu bewahren. Viel eher ertappe ich mich dabei, daß ich über meine Aufgabenlisten nachdenke. Es ist frustrierend, durch Sorgen aus dieser harmonischen Atmosphäre herausgerissen zu werden. Im Moment will ich an nichts denken, keine Pläne machen und alle Befürchtungen loslassen.

Ich fixiere die Möwen. Sie scheinen völlig unbekümmert zu sein. Sie fliegen so hoch über dem Wasser, daß ich mir nicht vorstellen kann, sie seien auf der Suche nach Nahrung. In meiner Phantasie schweben sie aus purem Vergnügen durch die Lüfte. Tatsächlich habe ich sie während meines Aufenthaltes im Ferienhaus kaum »arbeiten« sehen. Sie treiben auf dem Wasser oder schwingen sich zum Himmel empor. Gelegentlich sind sie damit beschäftigt, eine Muschel aufs Ufer fallen zu lassen, um sie dort aufzuknacken. Auch die Kormorane amüsieren sich offenbar prächtig. Gewiß, bisweilen tauchen sie nach Fischen, aber oft sehe ich sie auf dem Landungssteg herumsitzen.

Die Sonne kommt durch und küßt mein Gesicht. Mein Bewußtsein gibt sich gelassen der Leichtigkeit der schwebenden Wolken hin. Warum ist mein Leben nicht wie das der Möwen? Bin ich etwa süchtig nach Aufregung und Kampf? Ist unsere ganze Kultur süchtig danach? Ich will es nicht sein. Ich glaube nicht, daß ich durch Kampf der Lebenskraft teilhaftig werde, sondern daß ich sie am leichtesten im natürlichen Zustand finde, also vorwiegend in der Schönheit und Langsamkeit.

Gedanken an die nächste Arbeitswoche beanspruchen allmählich meine Aufmerksamkeit. Was kann ich nur in diesem Augenblick über den Tag sagen, um in der Gegenwart verwurzelt zu bleiben?

Ich sage: »Ich sehe, wie deine winzigen Wellen funkeln und deine dicken Wolken durch die Luft segeln. Ich liebe deinen blauen Himmel, der mich auffordert, innerlich loszulassen. Deine Brise streichelt mein Gesicht und rüttelt an den Erlen hinter mir. Das ist die Seligkeit des Augenblicks.«

Bei diesen Worten schießt eine Welle der Entspannung durch mich hindurch, und sofort bin ich wieder in meinem Körper. Ich spüre die Wärme der Sonne, ich höre das Rauschen der Blätter, ich rieche den salzigen Hauch.

»Das ist die Seligkeit des Augenblicks«, sage ich zu mir, sobald mir ein Gedanke an die Zukunft durch den Kopf geht. Ja, das ist das Paradies auf Erden, und auskosten kann ich es nur, wenn ich es aufmerksam wahrnehme, sogar wenn ich mir selbst Bericht erstatten muß, um die inneren Ätherwellen in Schwingung zu versetzen und alle anderen Überlegungen zu verbannen.

Während des ganzen Tages halte ich an der Überzeugung fest, daß ich das Recht auf ein äußerst angenehmes Leben habe. »Das ist die Seligkeit des Augenblicks«, sage ich mir immer wieder.

Auf der Heimfahrt höre ich Musik, schaue auf die vorüberfliegenden Bäume und ignoriere die Gebäude und Hinweisschilder. Sobald ich mich auf das Wunderbare konzentriere, bemerke ich stets etwas Angenehmes – auch wenn es nur darin besteht, daß ich im Warmen und Trockenen bin, während plötzlich ein heftiger Regen gegen die Windschutzscheibe hämmert.

Ganz gezielt schiebe ich die Sorgen beiseite, die meine Aufmerksamkeit beanspruchen wollen. »Nicht jetzt«, sage ich zu ihnen. »Jetzt will ich selig sein.« Beim Entladen des Autos summe ich und denke oft an die emporschwebenden Möwen. »Das ist die Seligkeit des Augenblicks.«

Die Beschreibung der unmittelbaren Umgebung befreite mich von meinem analytischen Verstand und führte mich zu meinen Sinneswahrnehmungen. Durch meinen Selbstbericht habe ich mich auf die natürliche Welt besonnen, mit der ich kommunizieren wollte, statt auf die Geschichten in meiner Vorstellung.

Sie haben vielleicht schon festgestellt, daß meine Tagebuchaufzeichnungen meistens mit einer Schilderung des Ortes beginnen, an dem ich mich gerade befinde. Das ist nicht nur ein literarischer Kunstgriff, sondern ein Hilfsmittel, um die Aufmerksamkeit noch mehr auf die nächstliegenden Dinge zu richten und wirklich zu *sehen*.

Annie Dillard schreibt in ihrem Buch *Pilgrim at Tinker Creek* (Auf Pilgerschaft am Tinker Creek) über zwei Arten des Sehens. Die eine »hängt mit einem Loslassen zusammen. Wenn ich auf diese

Weise sehe, schaukle ich sanft in einem Zustand der Reglosigkeit und der Leere.« Die andere Art bedarf der Wörter:

> *Das Sehen hängt natürlich in hohem Maße von der Sprache ab. Wenn ich meine Aufmerksamkeit nicht auf das richte, was vor meinen Augen geschieht, sehe ich einfach nichts … Ich muß die Wörter aussprechen und beschreiben, was sich mir optisch darbietet. Wenn der Vulkan Tinker Mountain ausbräche, würde ich es wahrscheinlich merken. Aber wenn ich die kleineren Katastrophen und Umbrüche im Leben des Tals wahrnehmen will, muß ich in meinem Kopf andauernd eine Beschreibung von den gegenwärtigen Vorgängen geben.*

Als ich mich in Beachwood voll und ganz auf meine Umgebung konzentrierte, stellte sich eine Reaktion ein, die ich in die Worte faßte: »Das ist die Seligkeit des Augenblicks.« Dieser Satz bewahrte für mich die Erfahrung auf, so daß er, wann immer ich ihn wiederholte, wie eine Zeitmaschine funktionierte, die mich in den gleichen Zustand aufmerksamer, dankbarer Offenheit zurückversetzte, den ich zuvor erlebt hatte.

Wörter haben große Macht. Die Art und Weise, wie wir zu uns selbst sprechen, kann wirklich darüber entscheiden, was wir wahrnehmen und wie wir uns fühlen. In meiner Eigenschaft als Therapeutin fordere ich meine Patienten oft auf, genau darauf zu achten, in welcher Form sie ihr Selbstgespräch führen. Sobald sie sich ihres inneren Dialogs bewußt sind, können sie beschließen, anders mit sich selbst zu reden.

Manchmal wähle ich absichtlich Wörter aus, die ich gerne sagen möchte. Häufiger aber ergeben sie sich von selbst, wenn mein Unterbewußtsein sowohl auf meine ureigenen Bedürfnisse wie auf die äußeren Gegebenheiten reagiert.

Im folgenden Tagebuchauszug habe ich meinen Sprachfluß verlangsamt, und der daraus resultierende Rhythmus machte mir ebenso Freude wie die Wörter selbst. Es war, als hätte sich mir durch die kurze Stille zwischen den Wörtern jede einzelne Silbe tiefer eingeprägt als sonst. Indem die Wörter das Wesen des Augenblicks durchdrangen und beleuchteten, formten sie sich zu einer Art Haiku.

Ort des Geschehens ist ein kleiner Park, der nur drei Häuserblocks von meiner Praxis entfernt ist und in dem ich oft mein Mittagessen einnehme. Ein älteres Ehepaar hatte sein am Hang gelegenes Domizil an die Stadt verkauft, und die Nachbarn brachten dann die bewaldeten Teile ihrer Grundstücke ebenfalls in eine Art Stiftung ein: Für die Zusage, das Land nicht zu kultivieren, erhalten sie Steuervergünstigungen. Seit die Stadt das Haus abreißen ließ, haben wir nun – voilà! – einen Minipark mit Wald, einem großen Garten und einer herrlichen Aussicht.

Minipark Oktober

Ich habe ein wenig Zeit zur Entspannung, bevor ich wieder an die Arbeit gehe. Ich schließe die Augen und atme die lieblichen Gerüche von Klee und frisch geschnittenem Gras ein. Der Wind fegt durch die Ahorn- und Erdbeerbäume über meinem Kopf und hört dann abrupt auf. Wie ein Stein falle ich in die plötzliche Stille.

Ich zähle meine Atemzüge, sage die jeweilige Zahl in dem ruhigen Moment nach dem Ausatmen. Kurz darauf lasse ich die Zahlen allmählich ausklingen. Wörter wie aus einem japanischen Haiku treten an ihre Stelle:

Sonnenstreifen … (einatmen/ausatmen) … Rippen im Brustkorb …

(einatmen/ausatmen) … schattenwerfend …

(einatmen/ausatmen) … wie Jalousien …

Sanfte Luft preßt … Wangenhaare … die Haut berührend … nur ein wenig …

Ich bin du … Tag … Ich bin du …

Und das Wesentliche … von all dem … ist nicht Luft … noch Sonnenwärme …

Das Wesentliche … ist Bereitwilligkeit …

Mein Herz … ist eine Schale … der Bereitwilligkeit …

Bereit … du zu sein.

Meine Augen füllen sich mit Tränen, und ein Blitz des Wohlbehagens durchzuckt mich, so als würden alle Zellen, die er auf seinem Weg streift, aufbrechen, um die Schönheit des Tages gierig zu absorbieren.

Die Wörter, die mir im Park kamen, fügten sich nicht zu einem großen Gedicht. Aber sie spiegelten meine Erfahrung und verlangsamten den Wahrnehmungsprozeß, so daß ich diesen Zustand genießen konnte. Sie halfen mir, ganz dem Augenblick zu leben.

Ich möchte, daß auch Sie nun die Macht der verlangsamenden Wörter erfahren. Lesen Sie also das Gedicht noch einmal und verbinden Sie jede Wortreihe mit einem Atemzug. Das dauert etwa zwei Minuten.

War es schwierig, die Wörter langsam zu lesen? Unser unruhiger Geist arbeitet gewöhnlich in einem Tempo, das der Kommunikation mit der Natur abträglich ist. Indem Sie den Fluß der Wörter hemmen, können Sie Ihren Geist besänftigen.

Fühlen Sie sich nach der langsamen Lektüre des Gedichts entspannter und zentrierter? Ich bin immer wieder verblüfft, wie beruhigend eine einfache Zwei-Minuten-Übung auf mich wirkt.

Bisher habe ich die Wörter dazu benutzt, mich auf meine Umgebung oder meine Ziele zu konzentrieren. Ich habe hauptsächlich *zu mir selbst* gesprochen. Aber eines Tages im Arboretum bediente ich mich der Sprache, um *mit der Natur* zu sprechen, und hierbei machte ich eine ganz neue Kommunikationserfahrung. Obwohl es albern scheint, mit den Dingen in der Natur zu reden, bescherte mir gerade dies einige meiner eindrucksvollsten und überraschendsten Erlebnisse. Ich ermuntere Sie, es mir nachzutun!

Arboretum im Washington Park, Seattle
November

Es ist acht Uhr morgens, und ich stehe unter den fast nackten Ästen eines japanischen Ahorns. Der Boden unter mir ist bedeckt mit leuchtend roten, vom Regen durchnäßten Blättern. Ich wiederhole einen Satz, den ich mir vor Jahren ausdachte, als ich ein Hilfsmittel brauchte, um mit der Natur in engem Kontakt zu bleiben: »Lebenskraft, reine Macht, Schönheit, berühre mich.«

Bei dem Wort *Schönheit* strömt die vibrierende Energie der roten Blätter durch mich hindurch. Ich bin es nicht gewohnt, daß die Lebenskraft durch meine Füße eintritt. Das ist ein ziemlich aufregendes Gefühl.

Es läßt allmählich nach; ich sage den Satz noch einmal, komme erneut zu dem Wort *Schönheit*. Ja, da ist wieder diese starke Empfindung. *Schönheit* ist der Schlüssel, der die Tür in mir öffnet, damit ich empfange, was sich mir hier ständig darbietet. Ich möchte von der Lebenskraft und der Schönheit berührt werden; heute liegt ihre Macht in der roten Farbe des Laubs, und das magische Wort lautet: Schönheit.

Es fasziniert mich, daß es so kontinuierlich dieses blitzartige Gefühl von Verbundenheit hervorruft. Ich weiß, welch enorme Wirkung die Namen und Bezeichnungen haben. Ist es das? Werde ich empfänglich für das Wesen der Dinge, die vor meinen Augen liegen, wenn ich sie korrekt benenne? Eröffnet das Wort eine tiefere Ebene des Verständnisses, oder schafft es einen Rahmen, der dieses überhaupt erst erweckt – ähnlich der Flamme, die die Kerze entzündet?

Man kann eine nicht angezündete Kerze von verschiedenen Seiten betrachten, sie mit zahlreichen Gegenständen berühren, aber nur die

Flamme bringt ihr wahres Wesen zum Vorschein. Könnte es sein, daß das Wort die gleiche Wirkung hat? Ist das die Macht der Literatur, der Poesie, des Gesangs?

Wohin ich auch gehe, sage ich: »Hallo, Schönheit« oder »Du bist wunderbar, Schönheit«. Und jedesmal verspüre ich dann einen inneren Ruck, der zugleich Erkenntnis und Entzücken signalisiert.

Ich gehe auf einem Teppich goldener Blätter der Virginischen Zaubernuß und atme das süße Aroma der seltsamen, spinnenartigen Blüten ein. Ich nähere mein Gesicht einem Ahornzweig voll roter Blätter und küsse eines. Ich untersuche ein eingerolltes braunes Blatt, das schlaff an einem Pfirsichahorn hängt.

Ich laufe meinem bevorzugten, leuchtend gelben Baum direkt in die Arme. »Hallo, Schönheit. Ich weiß, daß du in mein Leben strömst. Und als menschliches Wesen mit begrenzten Fähigkeiten weiß ich auch, daß ich dich nicht halten kann, aber ich danke dir, daß du heute da bist.«

Ich hatte mir nicht vorgenommen, das Wort *Schönheit* als Losung zu benutzen, aber sobald ich es aussprach und dabei jenen freudigen Schauder empfand, war ich ganz bei der Sache. Das Zwiegespräch mit der Natur kann eine solch reinigende Wirkung haben. Indem ich sage, was ich sehe, fühle oder wünsche, wird irgendwann im Laufe meines Monologs die Spreu der Wörter hinweggeweht, und die wertvollen Körner der Wahrheit offenbaren sich in aller Reinheit und Klarheit.

Das laute Sprechen hat noch einen weiteren Vorteil. Es ermöglicht mir, einen Gedankengang bis ans Ende zu verfolgen. Normalerweise unterbrechen sich die verschiedenen inneren Stimmen gegenseitig und ich wechsle vom einen Standpunkt zum nächsten. Doch wenn ich mich artikuliere, kann jeweils nur eine dieser Stimmen reden, so daß ich ihre besondere Ansicht und Weisheit besser erfasse.

Wenn ich laut spreche, übermittle ich mir außerdem die ebenso subtile wie folgenreiche Botschaft, daß es sich lohnt, mir zuzuhören – daß mein Leben wertvoll genug ist, um untersucht und ernst genommen zu werden.

Ratschläge für den Gebrauch der passenden Wörter:

1. Benutzen Sie das gesprochene Wort, um damit Ihre geistige Unruhe zu vertreiben. Sprechen Sie lauter als in Ihrem üblichen Small talk, wenn Sie Ihre Umgebung beschreiben oder Ihre Absichten bekunden. Ihr unruhiger Geist wird dann die Waffen strecken.
2. Benutzen Sie das gesprochene Wort, um Ihre Aufmerksamkeit zu konzentrieren. Sobald Sie die Szene ringsum in Sprache übersetzen, nehmen Sie die Dinge genauer wahr. Sobald Sie benennen, was Sie sehen, fühlen oder brauchen, zwingen Sie sich dazu, ganz für den Augenblick zu leben.
3. Benutzen Sie das gesprochene Wort, um herauszufinden, was Sie empfinden oder brauchen. Versuchen Sie es mit verschiedenen Ausdrücken und achten Sie darauf, auf welche Sie besonders stark reagieren.
4. Benutzen Sie das gesprochene Wort, um mit sich selbst zu kommunizieren – um sich aufzumuntern oder ein negatives Denkmuster zu korrigieren. Wörter sind Bestandteil der Beziehung, die Sie zu sich selbst haben.

5. Wiederholen und überdenken Sie die Wörter, die Ihnen spontan einfallen. Vielleicht entstammen sie der Lebenskraft oder dem Überbewußtsein; vielleicht sind sie aber auch Äußerungen Ihres weisen Selbst.
6. Sprechen Sie langsam einige Wörter aus, die in einem japanischen Haiku stehen könnten, um die jeweilige Erfahrung tiefer auszukosten. Setzen Sie diese Wörter in die Pause nach jedem Ausatmen.
7. Benutzen Sie das gesprochene Wort, um Ihre Lektionen zu vertiefen. Falls Sie verwirrende Erfahrungen machen, werden die Wörter Sie zwingen, Klarheit zu gewinnen. Sobald Sie ein Erlebnis in Worte fassen, können Sie es leichter in Erinnerung behalten und in Ihr sonstiges Leben integrieren.
8. Benutzen Sie das gesprochene Wort, um sich selbst auszudrücken und eine neue Beziehung zur Natur herzustellen. Nachdem Sie mit einem Baum gesprochen haben, erscheint er Ihnen weniger fremd.

In diesem Kapitel wechseln Sie vom allgemeinen zu einem speziellen Gebrauch der Wörter. Sie lernen, wie man mit Mantras umgeht. Auch Mantras können Ihnen helfen, sich in die natürliche Umgebung einzugewöhnen und die Kommunikation mit ihr herzustellen. Ein Mantra ist eine Silbe, ein Wort oder eine Reihe von Wörtern, die Sie wiederholen, um sich zu konzentrieren und den Geist zu klären. Silben ohne Bedeutung können Sie entspannen und empfänglich machen. Wörter mit Bedeutung können festlegen, worauf Sie Ihre Aufmerksamkeit richten wollen.

6
MANTRAS BENUTZEN

Ich lernte mein erstes Mantra in einem Yogakurs am College; ein weißhaariger Deutscher namens Yogi Haeckel brachte es mir bei. Er war fünfundsiebzig, sprach gebrochen Englisch und aß große Mengen vegetarischer Pizza. Abgesehen von seltsamen Erinnerungen wie dieser ist mir von dem Kurs nicht viel im Gedächtnis geblieben. Allerdings weiß ich noch genau die Silben des Mantras, die der deutsche Kursleiter uns nahebrachte: *Satnam siriwah padme guruji* (ausgesprochen: saht-náhm si-rih-wáh pad-méh gu-ruh-dschí). Der Rhythmus ist etwa der gleiche wie bei: »Ich mag Karamel, ich mag Karamel.«

Im Laufe der Jahre habe ich dieses Mantra immer wieder benutzt, um mich zu entspannen, um zu meditieren oder das Zwiegespräch mit der Natur zu beginnen. Die einfachen Töne des Singsangs blocken die Wörter meiner redseligen Gedanken ab, der Rhythmus ist so beruhigend wie ein Wiegenlied, und die Übung, mich auf eine Sache zu konzentrieren, besänftigt meinen flatterigen Geist. Ich mache mir die Bedeutung der Wörter nicht bewußt – und verspüre auch keine Lust dazu. Dieses Mantra war und ist mir vor allem auch deshalb so nützlich, weil es mich an nichts denken läßt, ja weil es das Denken überhaupt verhindert.

Einige Meditationsschulen vertreten die Ansicht, daß der tiefere Sinn des Mantras das Wichtigste sei. Andere wiederum sind überzeugt, daß der Ton und die Qualität des Klangs entscheidend seien. Lawrence LeShan, Autor von *How to Meditate* (Wie man meditiert), erklärt sogar, man könne nach dem Zufallsprinzip zwei Namen aus dem Telefonbuch auswählen und die jeweils ersten Silben miteinander verbinden, um auf diese Weise ein Mantra zu kreieren. Und Swami Ramananda vom Integral Yoga Institute in New York sagt: »Man sollte [bei der Wahl des Mantras] vor allem Wert darauf legen, daß es einem Wohlbehagen vermittelt.«

Manche Menschen singen ihre Mantras – zum Beispiel die Anhänger der Hare-Krishna-Sekte oder die Mönche, die gregorianische Choräle zu Gehör bringen. Andere rezitieren ihre Mantras mit monotoner Stimme. Dazu schreibt Diane Ackerman in ihrem Buch *Die schöne Macht der Sinne. Eine Kulturgeschichte*: »Sing mit festem, gedehntem Ton ›*om*‹ oder irgendein anderes Mantra, und du wirst spüren, wie die Knochen in deinem Kopf und der Knorpel in deinem Brustbein vibrieren. Es ist wie eine Massage von innen, sehr beruhigend.« Ich spreche mein Mantra meistens nicht aus, sondern wiederhole es nur in Gedanken. Auf diese Weise bin ich mir weiterhin der Geräusche oder

der Stille ringsum bewußt. Wenn ich den Lärm aber ausblenden möchte, dann spreche ich es laut.

Beim folgenden Erlebnis half mir mein *Satnam*-Mantra dabei, mich zu entspannen, präsent zu sein und die tiefe Verbindung zum Leben zu spüren.

Beachwood Februar

Welch eine schöne Überraschung, bei blauem Himmel aufzuwachen! In den letzten Tagen hat es nur geregnet.

An diesem Morgen sitze ich auf dem Steg über der auflaufenden Flut und schaue zu, wie die Sonne im Osten über einer Wolkenbank aufgeht. Die Wasseroberfläche spiegelt Funken nach oben auf die feinen Wolken, wo sie zu Regenbögen werden. Plötzlich sind die flachen runden Kieselsteine und die gewundenen Rinnsale am Strand eine einzige glitzernde Pracht.

Hungrig und gierig bin ich hier angekommen – voller Sehnsucht nach jeder Art von Wahrnehmung. Ich habe den Unterschied vergessen zwischen Verlangen nach der Natur und Verbindung mit der Natur. Meinem Verstand, der gewöhnlich das Kommando übernimmt, fällt es sehr schwer anzuerkennen, daß er allein diese Beziehung nicht herstellen kann. Er muß seine Macht an die ruhigen, empfänglichen, meditativen Teile in mir abtreten.

Ich schließe die Augen und entspanne mich. Ich spüre die Sonne auf meinem Gesicht und sehe ihr orangefarbenes Licht hinter meinen Lidern. Die Melodie der Wellen scheint lauter zu werden, aber ich weiß, daß dieser Eindruck nur entsteht, weil ich genauer hinhöre.

Ich atme langsam, zähle von fünf bis null und befehle mir, mit jeder Zahl ein wenig mehr zur Ruhe zu kommen. Sobald ich bei Null angelangt bin, lasse ich jede Anspannung so weit wie möglich los. Als das Gerede im Kopf beginnt, zähle ich wieder von fünf bis null. Und danach noch einmal.

In dem Moment, da mein Körper locker ist, höre ich auf zu zählen und singe leise mein vertrautes Mantra: *Satnam siriwah padme guruji.* Die Silben besänftigen mich und verlangsamen meinen Gedankenfluß, so daß ich ausschließlich in der Gegenwart bin.

Ich sinke an jenen vollkommen entspannten, vollkommen stillen Ort im Innern, und ein ruhiges Lächeln breitet sich in meinem Körper aus. Ja, ich bin gerne hier. Bei jedem *Satnam* habe ich das Gefühl, tiefer in mich hinabzusteigen und einen weiteren Schritt in Richtung Lebenskraft zu tun.

Dem Rat einer Freundin folgend, versuche ich mir vorzustellen, daß sich mein Bewußtsein in meinem alten Reptiliengehirn im hintersten Teil des Schädels befindet. Während ich mich weiter entspanne, frage ich mich, ob ich tiefer in dieses Gehirn sinke. Nähere ich mich dabei dem Empfindungsvermögen der Tiere?

Langsam bewege ich mich auf die Lebenskraft zu, bis ich sie schließlich vor mir sehe und berühre. Ich singe weiter. Mir ist, als neigte ich mich in einen weichen Ballon, der so hoch ist wie der Himmel. Die Vorderseite meines Körpers sinkt in diesen Lebenskraftballon, wird von ihm gehalten und getröstet. Ich löse mich nicht darin auf, bin auch nicht darin eingeschlossen. Es ist eher dieses Gefühl, das ich habe, wenn ich mich gegen einen riesigen alten Baumstamm lehne und seine Energie in mich einströmen lasse.

Das ganze ist keine Botschaft, keine Offenbarung, sondern nur eine Erfahrung: die Berührung der Lebenskraft, die Funken der Sonne auf dem Wasser, der Gesang der Flut. Wenn es mir gelingt, ganz ruhig und präsent zu sein, entdecke ich wahre Freude.

An jenem Tag benutzte ich das Mantra, um meinen Geist zu beschwichtigen; Gedanken, die mich stören wollten, mußten die Wörter der Litanei überwinden. Außerdem half mir das Mantra dabei, den Augenblick bewußt zu erleben.

Sobald ich ungewöhnliche Wahrnehmungen habe – etwa das Gefühl, in die Lebenskraft einzudringen –, bildet ein Mantra eine Art Prüfstein für das, was mir vertraut ist. Auf subtile Weise gibt es mir ein Gefühl von Sicherheit, so daß ich das äußere Geschehen einfach in mich aufnehmen kann, ohne davor wegzulaufen, ohne es erklären oder ändern zu wollen. Ein Freund, der aus beruflichen Gründen häufig auf Reisen ist, sprach mit mir über die stabilisierende Wirkung seines Mantras: »Jeden Morgen meditiere ich mit meinem Mantra, so daß ich mich immer zu Hause fühle, egal, in welcher Stadt ich aufwache. Damit fröne ich nicht nur einer lieben Gewohnheit; der Gesang führt mich zu dem friedlichen Ort im Innern, der stets vorhanden ist – in meine ›Heimat‹.«

Manchmal benutze ich bewußt das Tempo meiner Litanei, um ruhiger zu werden. Anfangs singe ich schnell, zumal wenn mir viele Gedanken durch den Kopf gehen, und dann immer langsamer. In dem Maße, wie der Gesang an Tempo verliert, beruhigt sich meine Atmung, entspannt sich mein Körper, erhöht sich meine Konzentration auf das Gegenwärtige.

Meistens singe ich nur so lange, bis ich entspannt und im Gleichgewicht bin. Bisweilen aber spiele ich mit dem Mantra noch lange danach, indem ich das Tempo weiter verringere oder mir ausmale, daß die Silben durch die Luft schweben.

Eines der stärksten Kommunikationserlebnisse, das ich je hatte, widerfuhr mir, als ich einfach nur meinen Geist besänftigte, eine Grenze zog und sang. Das geschah – völlig überraschend! – einige

Jahre, nachdem ich begonnen hatte, regelmäßig mit der Natur zu sprechen. Mir schien, als wäre ich – mit den Worten von Annie Dillard – »mein ganzes Leben lang eine Glocke gewesen und hätte es erst in dem Augenblick gemerkt, als ich hochgezogen und geläutet wurde«.

Arboretum im Washington Park, Seattle April

Ich sitze an einem verborgenen Plätzchen, umgeben von wilden Sträuchern und Gras. Während ich einen Keks esse, ändere ich immer wieder ein wenig meine Position, damit die Tautropfen auf dem Gras in Regenbogenfarben schimmern. Dann beschließe ich zu kommunizieren.

Zunächst zähle ich bei geschlossenen Augen hundert Atemzüge, nur damit beschäftigt, meinen Geist zu beruhigen, die Geräusche zu vernehmen und auf meiner Haut das Sonnenlicht sowie den Wind zu spüren. Es ist ein lauter Tag, erfüllt von Verkehrslärm, Sirenengeheul und dem Kreischen einer Kettensäge.

Ich stelle mir vor, von einem Dom aus weißem

Licht und der kleinen Wiese umgeben zu sein, so daß all diese Geräusche »da draußen« sind und so laut und dissonant sein können, wie sie wollen. Hier drinnen befindet sich nur die friedliche Wiese mit ihrem Vogelgesang und ihrer Stille.

Sobald ich meine Grenze gezogen habe, bin ich ruhig und froh. Die kleine Wiese kann mich mit ihrer Schönheit nähren – und ich sie mit meiner Liebe.

Ja, all das steht mir zur Verfügung. Ich brauche mir keine Sorgen zu machen über die lästigen Geräusche, über die äußere Welt. Ich kann in meiner Welt sein, die völlig unscheinbar ist, und sie lieben, ohne mich für irgendwelche Dinge auf der anderen Seite verantwortlich zu fühlen. Das meiste dort kann ich sowieso nicht ändern.

Nach dem hundertsten Atemzug beginne ich leise zu singen: *Satnam siriwah padme guruji*. Sofort bekomme ich am ganzen Körper eine Gänsehaut, und in mir drinnen kribbelt es. Plötzlich rollen mir Tränen aus den Augen, und ich schluchze, ohne erklären zu können, warum.

Weine ich, weil Liebe und Freude so heftig in mir aufsteigen, daß ich in Tränen ausbreche? Regt sich ein süßer Schmerz, weil es so gut ist, zu Hause zu sein, mich überall in mir zu Hause zu fühlen – hier, an diesem grünen Plätzchen?

Seit zwanzig Jahren benutze ich meinen Mantra-Gesang, aber nie zuvor war die Erfahrung derart intensiv. Bei jeder Silbe habe ich das Gefühl, gleichzeitig inmitten des Klangs, inmitten des Lebens der Wiese und inmitten der Lebenskraft selbst zu sein.

Die Sträucher, das Gras, die Luft – alles funkelt in einer Klarheit und Helligkeit, die ich noch nie gesehen habe, und dabei ist mir, als würde auch ich leuchten; als wären jahrhundertealte Staubschichten vom Planeten und von meiner Seele, von meinem Herzen plötzlich weggewischt worden, so daß sämtliche Wesen und Dinge glänzen und ohne jede Trübung einander erkennen. Die Wucht dieser direkten Verbindung hat mein Inneres geöffnet und mich mit Kraft erfüllt.

Indem ich zur Ruhe kam, um diese kleine Parzelle eine Grenze zog und all meine Liebe in sie hineinfließen ließ, war mein Naturerlebnis konkreter und stärker als die vielen Male davor. »Ich kann dich lieben«, sage ich zu der Wiese. »Deine Größe entspricht der meinen. Du bist weder riesig noch imposant. Du bestehst aus gewöhnlichem Gras und einer bunten Mischung aus Sträuchern und Bäumen, so, wie ich eine bunte Mischung menschlicher Eigenschaften bin. Und jetzt bist du mein – damit ich dich lieben und diesen Augenblick mit dir teilen kann. Wir beide wissen, daß das Leben ein Wunder ist. Zusammen sind wir das Wunder.«

Ich verlangsame den Satnam-Gesang, dehne die einzelnen Silben, genieße zutiefst den Frieden, den jede mir beschert, und wünsche, daß dieser Zustand niemals enden möge. Dann spricht eine innere Stimme die Worte: *Mit einem Glauben so groß wie ein Senfkorn*, und ich schluchze erneut.

Ja, das habe ich: ein klein wenig Glauben. Mir ist völlig schleierhaft, warum ich diese atemberaubende Erfahrung der Liebe und der Freude mache. Gewiß habe ich sie in keiner Weise verdient, weder durch Güte noch durch geistige Übungen. Sie ist ein reines Geschenk. Sie wurde mir zuteil, weil ich einen Glauben habe, wenn auch nur so winzig wie ein Senfkorn, der mich hierher führte und besänftigte, ohne daß ich wußte, was ich finden würde.

Für diesen Glauben bin ich sehr dankbar, denn er erscheint mir wie eine Perle in meinem Innern, deren Existenz mir bisher unbekannt war. Die Perle habe ich nach und nach erzeugt, indem ich das Arboretum betrat, spazierenging, beobachtete, die Natur liebte, Berge und Bäche aufsuchte und mich immer wieder bemühte, offener und aufmerksamer zu sein und von den unterschiedlichen Erscheinungen berührt zu werden. Wie oft war doch mein Intellekt überhaupt nicht einverstanden: *Ach, du warst doch gestern schon dort*, sagt er zum Beispiel, oder: *Es ist nur ein kleiner Park, nichts Besonderes.* Aber während ich kaum merke, was da abläuft, und vor mich hin murre, treibt mich der verborgene Funke des Glaubens ständig mitten in die Natur hinein, damit ich erneut geheilt werde und meine Perle weiter ausforme.

Ich weiß nie im voraus, was während der Kommunikation mit der Natur geschehen wird. Das ist Teil des Abenteuers und des Risikos. Manchmal bin ich einfach nur gelangweilt – oder zu müde, zu angespannt. Vielleicht ist mein Hormonspiegel auf dem Tiefstand, oder irgendeine geheimnisvolle biochemische Reaktion im Körper macht die besten Absichten zunichte. Bisweilen aber ereignet sich etwas, das wiederum Annie Dillard folgendermaßen ausdrückt: »Du wartest völlig ungezwungen, ohne Erwartung oder Hoffnung, leer, transparent. Und was dann passiert, wirft dich um; es zerreißt, befreit, erhebt, schleift und reinigt.«

Es lohnt sich, immer wieder den innigen Kontakt mit der Natur zu suchen, weil die Verbindung dann leichter zustande kommt und das »Senfkorn« wächst. Die Verbindung zur Natur ist »nahrhafter« als alles andere. Sie brauchen nicht Wochen in der Wildnis zu verbringen oder besondere Naturschauspiele zu besuchen, um tief berührt zu werden. Wenn Sie Ihre Beziehung zur Natur bereits verinnerlicht haben, tut es auch ein lauter Stadtpark und reicht eine Stunde nach der Arbeit.

Ich möchte allerdings darauf hinweisen, daß Sie wahrscheinlich nie zweimal die gleiche Erfahrung machen. Nach dem großartigen Erlebnis im Arboretum war ich bereit, es zu wiederholen. Schlimmer noch, ich hockte da und erwartete den neuerlichen Taumel. Aufgrund meiner Befangenheit war ich monatelang nicht offen genug, um überhaupt etwas aufzunehmen.

Doch an jenem Tag im Arboretum waren die nötigen Voraussetzungen geschaffen, indem ich losließ und eine Grenze setzte. Das Mantra erzeugte die Ruhe und die Empfänglichkeit, die das Ereignis bedingten, und der Gesang verlieh mir die innere Festigkeit, durch die ich aufmerksam blieb.

Manchmal wiederhole ich mein Mantra so lange, bis sich irgendwann von selbst das Gefühl einstellt, daß ich besser aufhören sollte. Dann wieder ist mein Geist zu aufgewühlt, um ein solches »offenes Ende« zu akzeptieren. Er schweift ständig ab, verlangt, daß ich die Zeit für den Gesang genau festlege. Möglicherweise will er damit gewährleisten, daß ich mich nicht in einem veränderten, durch das Mantra hervorgerufenen Bewußtseinszustand verliere. Vielleicht ist er nur dann damit einverstanden, die Kontrolle aufzugeben, wenn er sie bald wieder ausüben kann. Jedenfalls gibt es Tage, an denen ich im voraus beschließen muß, daß ich das Satnam-Mantra nur zehnmal oder zehn Minuten lang singe. Sobald ich mich dem letzten Gesang nähere, fühle ich eine erhöhte Aufmerksamkeit, eine zusätzliche Anstrengung, mich zu konzentrieren und den Tagträumen Einhalt zu gebieten. Es ist, als würde ein innerer Trainer mich auffordern: *Hör jetzt genau hin. Dir bleiben nur noch zwei Wiederholungen. Komm zur Sache.*

Ich merke, welche Vorteile es hat, die gleiche Litanei über einen langen Zeitraum zu benutzen. Nach zwanzig Jahren, in denen ich immer wieder auf dieses Mantra zurückgriff, habe ich eine enge Beziehung zu ihm entwickelt. Sobald ich die ersten Silben ausspreche, spürt mein Körper, daß es nötig ist, sich zu entspannen, und mein Geist erkennt, daß er das Gerede im Kopf bald abstellen muß. Wenn ich nicht besonders zerstreut bin, versetzen mich meine unbewußten Assoziationen und Erinnerungen ziemlich schnell in eine meditative Stimmung.

Mantras gibt es in unterschiedlicher Form und Länge. Ich bevorzuge das meine, probiere aber auch andere aus, um herauszufinden, inwiefern sie meine Erfahrung mit der Natur bereichern.

Yoho National Park, British Columbia, Kanada

Juni

Ich sitze in meinem Liegestuhl am Ufer des Lake O'Hara. Es ist kühl, aber herrlich – drei Viertel des Himmels sind bewölkt, ein Viertel strahlt blau.

Heute bin ich faul. Weder Bergtouren noch anstrengende Fahrten mit dem Paddelboot stehen auf dem Programm. Ich will einfach nur um den See schlendern und je nach Lust und Laune meinen Liegestuhl aufstellen.

Im Wasser unter mir durchbrechen zwölf schroffe Felsen die perfekte Spiegelung eines gletscherbedeckten Berges, während oben die Gipfel in einen riesigen Himmel ragen. Rechts und links von mir liegen Haufen quadratischer Steine, bedeckt mit Moos und geschmückt mit Bonsai-Fichten.

Eine Brise erschüttert die Spiegelung auf der Wasseroberfläche und wirbelt um meinen Mund, zuerst so sacht, daß ich sie kaum spüre, dann in deutlichen Stößen. Während sie gegen meine Lippen und Wangen drückt, verbreitet sie den würzigen Duft von Kiefern.

Ich schließe die Augen und zähle meine Atemzüge. Heute muß ich nicht viele Gedanken loslassen. Lange bevor ich »siebzig« flüstere, habe ich in die Stille zwischen den Zahlen gefunden.

Ich singe *Satnam siriwah padme guruji*, meist mit geschlossenen Lidern. Dadurch kann ich die Erhabenheit des Schweigens und der Berge besser fühlen. Ich widme mich abwechselnd der Stille und dem Gesang.

Mein Geist sehnt sich nach Meditation, aber mein Magen möchte, daß ich Nahrung zu mir nehme. Ich gehe zu einem Aussichtspunkt in der Nähe eines Wasserfalls, um zu Mittag zu essen; anschließend bereite ich mich darauf vor, erneut zu kommunizieren.

Ich erinnere mich an eine Stelle in dem Buch *Meetings with Remarkable Women: Buddhist Teachers in America* (Begegnungen mit bemerkenswerten Frauen: Buddhistische Lehrmeisterinnen in Amerika). Darin erzählt eine dieser buddhistischen Lehrmeisterinnen, ihr sei gesagt worden, sie könne sich die zahlreichen Koans (jene rätselhaften Fragen, die der Meister dem Schüler stellt, um ihn der Erleuchtung näherzubringen) sparen, wenn sie nur über das Mantra *Mu* meditiere und es verstehe. Eine Schülerin berichtet allerdings, daß dieses *Mu* dunkel und ein wenig beängstigend sei.

Leise und langsam singe ich *Mu*. Ich weiß nicht, ob die Ängste der Schülerin meine Reaktion beeinflussen, aber dieses Mantra singe ich im Moment sehr ungern. Meine Kehle verengt sich und schmerzt, als hätte ich eine Mandelentzündung. Meine Augen tränen; ich fühle mich schwer, wie gefangen im Morast. Ein schwarzer Tunnel zieht sich durch meinen Leib bis hinunter zum Steißbein. *Mu* scheint die Schattenzone des Lebens zu repräsentieren: Leiden, Schmutz, Tod. Ich versuche, leichter zu werden, mir während des Singens eine blühende Blume vorzustellen, aber mein Zustand ändert sich nicht. Ich öffne die Augen, schaue auf den See und den vergletscherten Berg, doch mein Blick wird wie magisch angezogen von den toten Zweigen unter Wasser. Ich stelle mir vor, daß die Berge auf einer Million Toten ruhen.

Ich wechsle zum Mantra *Om*. Gestern las ich in *The Joys of Meditation* (Die Freuden der Meditation), daß nur Einsiedler und Asketen diese Silbe benutzen sollten. Natürlich gehöre ich nicht zu dieser Gruppe, aber ich möchte vom *Mu* wegkommen. *Om* vermittelt ein Gefühl von Weite, so als beinhalteten die zwei Buchstaben die unzähligen Teile des Universums mitsamt ihren immensen Zwischenräumen.

Dann gehe ich zu meinem alten Satnam-Mantra über. Es erleichtert und stärkt mich wie eine warme Brise, die über den See weht.

Schließlich wähle ich für meine Litanei ein englisches Wort: *soften* (sanft werden). Unter allen gesungenen Wörtern berührt mich dieses am meisten. Mein Herz öffnet sich, und Tränen der Freude schießen mir in die Augen. Der See, die Berge und der Himmel ergießen sich in meine offene Brust. Das ist überwältigend und äußerst angenehm.

Soften, was ist das für ein wunderbares Wort. Es sagt: *Verlange nichts, denke nichts, erstrebe nichts – ja, hör auf zu sein. Verwandle dich in eine Wolke. Laß dieses Leben tief in dich einströmen. Laß es in die Poren und Zellen sickern, laß es um die Muskeln wirbeln. Laß es deine Seele durchdringen. Vertraue ihm wie einem Freund. Lebe mit ihm, liebenswürdig und offen. Versuche nicht, es zu verstehen. Lebe einfach nur mit ihm.*

Wenn ich dieses Wort ausspreche, habe ich fast das Gefühl, als könnte ich das ganze Leben wie eine Brise in mich hinein und aus mir heraus gleiten lassen. Jetzt verheißen die Tränen Erleichterung – und nicht Beengtheit wie bei der Silbe *Mu*. Mein Bauch wölbt sich, erfüllt von tiefem Atem.

Klare Wellen senden Schwingungen durch mich hindurch, die mich ebenso entspannen wie eine Massage. *Soften*, singe ich. *Sanft werden*. Das flüssige Licht flutet in meine Brust.

Manchmal scheine ich für dieses Wort unempfänglich zu werden, also sage ich es nur bei jedem vierten Atemzug. Ich lasse zu, daß sich dazwischen Stille ausbreitet.

Ich schließe die Augen und frage: *Was ist sanfter?* Die Schultermuskulatur lockert sich. Stille. *Sanft werden ...* Stille. *Sanft werden ...* Stille. *Was ist sanfter?* Ich merke, wie ich alles Sanfte wahrnehme. Kleine Wellen sind sanft. Die Luft ist sanft. Das Licht, das hinter einem Wolkenschatten über einen Abhang mit grauen Felsen emporsteigt, ist sanft. Ich bin sanft.

Oft singe ich ein Mantra zu Beginn der Kommunikation. Es klärt und beruhigt meinen Geist, eliminiert das innere Gerede und hilft mir, passiv zu sein.

Doch als ich *soften* sang, wurde ich aktiv. Ich forderte mich auf, dieser Regung zu folgen. Anstatt für alles offen zu sein, was geschah, konzentrierte ich mich auf die Sanftheit. Ich wollte nicht irgend etwas fühlen, sondern mich sanfter fühlen. Ich wollte nicht irgend etwas wahrnehmen, sondern die Dinge wahrnehmen, die mit Sanftheit zu tun haben. Indem ich das Wort wiederholte, sank ich immer tiefer – nicht in dessen abstrakte Bedeutung, sondern in die Erfahrung der Sanftheit.

Da *soften* ein englisches Wort ist, hält man es vielleicht nicht für ein Mantra. Die meisten Menschen glauben, daß Mantras in einer fremden oder alten Sprache geschrieben sein müssen. Dennoch setzt sich jedes Mantra aus Wörtern zusammen, die aus irgendeiner Muttersprache stammen. Solange ich damit experimentiere, kann ich auch einige englische – oder deutsche – Mantras ausprobieren, um herauszufinden, ob sie sich eignen oder nicht. Einige Leute meditieren über Wörter wie *Friede*, *Gott* oder *Eins*.

Nach der Methode Trager Mentastics, einer Form von Meditation im Gehen, soll man während einer langsamen Bewegung die folgenden drei Sätze wiederholen: »Was ist leichter? Was ist sanfter? Was ist freier?« Die Wiederholung dieser Fragen versetzt Sie in einen Zustand der »Verbundenheit«, des »Verschmelzens und Einswerdens mit der Energie, die alle lebendigen Dinge umgibt«. Die drei Sätze lenken Ihre Aufmerksamkeit und helfen Ihnen, konzentriert zu bleiben.

Richtungweisende Mantras sind besonders nützlich in lauten oder häßlichen Stadtteilen. Dank ihrer können Sie gewisse akustische oder optische Eindrücke einfach »ausblenden«.

Ein solches Mantra bereichert Ihren Tagesablauf mit kurzen, erfrischenden Naturkontakten. Wählen Sie ein Mantra morgens beim Frühstück und sprechen oder singen Sie es dann in den Arbeitspausen: Gehen Sie nach draußen, um zu kommunizieren, oder bleiben Sie drinnen und erinnern Sie sich an das Gefühl, das diese Zwiesprache mit der Natur bei Ihnen auslöst.

Eine meiner Klientinnen erzählte, sie habe die Beziehung zur Natur verloren, als sie das Rauchen aufgab. Vorher war sie mehrmals am Tag nach draußen gegangen, um zu rauchen, jetzt aber hatte sie für den kurzen Aufenthalt im Freien keine »Entschuldigung« mehr. Ich empfahl ihr, statt der Zigarette ein richtungweisendes Mantra mitzunehmen.

Experimentieren Sie völlig ungezwungen mit Ihren eigenen Mantras. Versuchen Sie es mit englischen oder deutschen Wörtern, mit solchen aus anderen Sprachen und mit Tönen. Jede Art von Mantra wird Ihre Naturerfahrung unterschiedlich beeinflussen.

Ratschläge für die Benutzung von Mantras:

1. Wiederholen Sie leise und rhythmisch einen Ton, ein Wort oder einen Satz.
2. Sie können Wörter aus allen Sprachen verwenden.
3. Ihr Ziel besteht darin, die *ganze* Aufmerksamkeit auf das Mantra zu richten. Sobald sich störende Gedanken einschleichen, fangen Sie einfach an, das Mantra zu wiederholen.
4. Sie können Ihren Singsang dem Atemrhythmus anpassen oder auch einen völlig anderen Rhythmus wählen. Manchmal kommen Geist und Körper zur Ruhe, wenn Sie die Wiederholungen im Tempo Ihrer üblichen Unterhaltungen beginnen und dann allmählich langsamer werden.
5. Sie können über das Mantra mit offenen oder geschlossenen Augen meditieren – oder vom einen Zustand in den andern wechseln.
6. Es steht Ihnen frei, die Wiederholungen zeitlich oder zahlenmäßig zu begrenzen – oder auch das Ende offenzulassen. Bisweilen verstärkt eine solche Beschränkung den Impuls, sich in der verfügbaren Zeit voll zu konzentrieren.

In diesem Kapitel fügen Sie Ihrem Kommunikationsrepertoire eine weitere Methode hinzu und nähern sich einer persönlicheren Beziehung zur Natur. Während Stille und Langsamkeit Ihnen halfen, sich mit der Natur zu vereinen, verwandelt noch größere Nähe dieses Gefühl der Einheit in ein Gefühl innerer Verwandtschaft.

7
NÄHE HERSTELLEN

Ganz nahe an die Natur heranzugehen, ist eine großartige Methode, sich an die natürliche Umgebung zu gewöhnen und das Zwiegespräch zu beginnen. Diese Nähe trägt zu Ihrer Entspannung bei, weil sie Ihre Wahlmöglichkeiten ebenso beschränkt wie die Zahl der Eindrücke, die auf Sie einstürmen.

Vor einigen Jahren mußte ich am Flughafen von Los Angeles eine lange Wartezeit in Kauf nehmen; also ging ich aus dem Terminal nach draußen, um etwas zu finden, das mich wieder in Verbindung mit der Natur bringen würde. Es war ein arbeitsreicher, hektischer Tag mit viel Autoverkehr gewesen, weshalb die Aussicht, erneut in einem Zementgebäude zu sitzen, mir überhaupt nicht behagte.

Ich schlenderte über den Bürgersteig, bis ein junger Baum unweit der Gepäckabfertigung meine Aufmerksamkeit erregte. Ich bahnte mir einen Weg durchs Gebüsch, lehnte mich gegen den Stamm und streichelte seine korkartige Rinde. Sobald ich mich auf deren komplexe Muster und Strukturen konzentrierte, schwanden der Lärm und das Chaos des Flughafens sofort. Ich fühlte, wie die Schönheit und Lebendigkeit des Baums mich besänftigten und erfrischten. An einem für mich schwierigen Tag bildete er einen soliden, einfachen Ruhepunkt. Als ich nach einer Viertelstunde in die Abflughalle zurückkehrte, war ich ruhig und voller Energie.

Sie denken vielleicht, man müsse diese Nähe zur Natur nur in der Stadt bewußt herstellen, wo die Kommunikation oft durch Lärm und Ablenkung erschwert wird. Der folgende Tagebucheintrag aber zeigt, daß ich diesen Schritt sogar am herrlichen Ufer eines staatlichen Parks tun mußte.

Larrabee State Park, bei Bellingham, Washington
Mai

Ich sitze knapp vier Meter von der auflaufenden Flut entfernt – hinter einer Linie aus grünem Seetang, der mit jeder Welle angeschwemmt wird. Aber um fünf Uhr nachmittags ist dies kein ruhiger Ort.

Ich hatte einen leeren Strand erwartet. Die Flut ist fast schon auf dem Höchststand, man kann also keine Pfützen und Rinnsale mehr beobachten. Um diese Zeit gehen die Leute normalerweise zu ihren Zelten und Wohnwagen zurück, um zu Abend zu essen. Heute aber nicht. Gerade eben trotteten drei schreiende Kinder das Ufer hinauf, und sobald sie außer Hörweite waren, stiegen von dort zwei kreischende Teenager herunter. Die Mädchen amüsieren sich über verrutschte Hochzeitsschleier, während ich versuche, dem Geräusch der Flut zu lauschen.

Wenn ich mich auf die Dinge konzentriere, die ich liebe, nehme ich vielleicht den Krach nicht so deutlich wahr. Über mir zwitschert ein Vogel, Wellen klatschen ans Ufer, und die Sonne brennt auf den Rücken meiner schreibenden Hand. Die San Juan Inseln sind blaue Brocken über dem funkelnden Wasser. Die Luft ist durchdrungen vom Dröhnen der Flugzeuge. Es fällt mir schwer, bei der Schönheit zu verweilen, wenn ich so viel Kraft aufbieten muß, um den Zivilisationslärm zu überhören und meine Zahnschmerzen nach der gestrigen Behandlung zu vergessen.

Ich gehe an den äußersten Rand des Ufers und klettere auf glatte Felsen, die von Wind und Wasser geformt wurden. Hier schwappt und klopft das Wasser gegen den Stein, und es erklingen dabei alle Töne eines Xylophons. Indem ich mich von den Menschen abwende, bin ich in meinem »selbstgemachten« Schlupfwinkel allein. Mein Körper bildet die eine Seite der kleinen Bucht, die gewundene Felswand die andere.

In der Nähe marschieren Kinder lärmend zwischen den Felsen herum. Selbst wenn ich ihnen den Rücken zukehre und über die natürliche

Schönheit schreibe, kann ich nicht verhindern, daß sie meinen Frieden stören. Ich bewege mich weiter Richtung Wasser, bis ich vor einem mit Wasser gefüllten Felsbecken sitze.

Goldene kleine Wellen schlagen gegen einen langgezogenen, rundlichen, rosafarbenen Felsen. Jeder Kiesel ringsum ist vergrößert. Eine Armee winziger schwarzer Schnecken sitzt auf dem Gestein. *Sanfte Farben, sanfte Wirbel, könnt ihr mich weglocken von all dem, was mich ablenkt?*

Es ist unfair, daß Lautstärke und Widerlichkeit die Welt beherrschen. Der Lauteste am Strand bestimmt über die Atmosphäre, die dort herrscht. Das widerlichste Ereignis des Tages unterbricht meinen Gedankenfluß. Ich bringe Frieden in mein Leben durch einen Willensakt – indem ich mich bewußt auf das Greifbare konzentriere, indem ich den Dingen so nahe komme, daß mein gesamtes Gesichtsfeld ausschließlich mit Schönheit ausgefüllt ist, indem ich um diese etwa drei Meter große Stelle einen imaginären Kreis ziehe und sie als die meinige betrachte. Ich lasse die Stille und die Geräusche hier drinnen mir gehören und sorge dafür, daß die Geräusche da draußen Bestandteil der anderen Welt sind.

Ich bin fähig, die Menschen und den Lärm ein wenig fernzuhalten, aber ich will tiefer mit der Natur verbunden sein. Ich möchte hier mit ihr kommunizieren.

Ich lege mich hin und bewege das Gesicht ganz nah ans Wasser, damit ich genau beobachten kann, wie die schwarzen Schnecken über den Felsen kriechen. Als ich meine Fingerspitzen ins flache Wasser tauche, werde ich durch den Kälteschock in jede kleine Welle hineingezogen. Ich wölbe meine Hand über einen Büschel leuchtend grünem Seegras, das hin und her wogt, und spüre das feine Zittern an meinen Fingerspitzen, während es unten über den Sandstein scharrt. Solange ich mit den Eindrücken und Fragen dieser Welt beschäftigt bin (Die vielen Schnecken da auf einem Haufen, kämpfen oder kopulieren sie?), liegt die andere, die geräuschvolle Welt in einiger Entfernung. Solange mein Herz diesen Mikrokosmos ganz umschließt, kann ich Zwiesprache halten, ohne abgelenkt zu werden.

Eine Stunde später verlasse ich den Strand, und mir ist, als hätte ich einem Haufen Lärm und Zerstreuung am Strand einen Edelstein aus Frieden und Schönheit abgerungen. Ich bin müde, aber auf meinem Gesicht ruht ein rosiges Lächeln, in dem sich goldene Wellen und kleine schwarze Schnecken spiegeln.

Wenn ich mich einem natürlichen Gegenstand nähere, versenke ich mich in ihn, und meistens erweist er sich als wunderbar. Schon ein kurzer Ausflug ins Reich totaler Schönheit ist äußerst anregend.

Diese Annäherung ist so einfach und doch tiefgründig. Sobald ich mich auf eine Sache konzentriere, lasse ich die große, überladene Welt hinter mir. Meine Welt besteht dann nur noch aus dem kleinen Stück Natur, das direkt vor meinen Augen liegt und überschaubar genug ist, um eine Beziehung zu ihm herzustellen.

Dabei sind meine Wahlmöglichkeiten automatisch auf ein Minimum reduziert. Folglich bin ich weniger zerstreut und fester verwurzelt. Ich wechsle nicht von einem Telefongespräch zum nächsten, tausche nicht diese Perspektive gegen jene ein. Ich erlebe den einen Ausschnitt des Lebens in seiner ganzen Fülle. Jon Kabat-Zinn bezeichnet die Entscheidung, sich selbst zu begrenzen, als »freiwillige Einfachheit«:

> *Die freiwillige Einfachheit äußert sich darin, daß ich im Laufe eines Tages eher weniger als mehr Orte aufsuche, daß ich weniger sehe, um mehr sehen zu können, daß ich weniger tue, um mehr tun zu können, daß ich weniger erwerbe, um mehr haben zu können.*

Die Annäherung an die Natur am Ufer des Larrabee State Park war eine Art Überlebensstrategie, und sie beruht ebenso wie die freiwillige Einfachheit oft auf einer bewußten Entscheidung. Angesichts der verlockenden Möglichkeiten, die sich überall auftun, erfordert die gezielte Beschränkung sowohl Entschlossenheit als auch Disziplin.

Das folgende Erlebnis hatte ich bei einer Hütte in Oregon. Obwohl diese Hütte klein und schlicht ist und drinnen kein fließendes Wasser hat, bietet sie einen perfekten Zufluchtsort inmitten schattiger Wälder.

Mount Hood National Forest, Oregon August

An diesem Nachmittag will ich eine Zeitlang vor der Hütte über dem Bach sitzen und einfach nur *sein*. Von der Arbeit am Dach bin ich zu kreuzlahm und zu erschöpft, um noch etwas anderes zu machen. Ich schaue auf das rauschende Wasser und weiß, daß ich zu ihm hinunter muß, um wirklich davon berührt zu werden.

Von hier oben ist der Anblick friedlich und wunderbar. Ich sehe Bäume und Felsen und Wasser. Aber nichts erregt meine Aufmerksamkeit. Das Geräusch des Bachs ist ein einziges Tosen. Ich höre keine der Melodien, die das Wasser auf einzelnen Felsen und Baumstämmen spielt.

Ich kann hier sitzen und wissen, daß jeder kleine Felsen seine eigenen Strudel, Fluten und Rinnsale hat, die sich ständig ein wenig verändern, aber ich fühle es nicht. Von meiner jetzigen

Position aus ist der Bach nur eine bewegte Wassermasse. Säße ich nur gut einen halben Meter weiter unten, würde ich eine unendliche Vielfalt von Spritzern und Berührungen wahrnehmen. Ich würde sehen, wie das Wasser über Kieselsteine plätschert oder tanzend gegen Felsblöcke schlägt. Seine vielen Facetten und Veränderungen würden in meinem Innern widerhallen.

Da unten ist ein kleines Plätzchen, das meiner momentanen Gemütsverfassung entspricht, ringsum aber sind weitere Ecken und Winkel, die andere Zustände repräsentieren: hier mehr Ruhe, dort mehr Wildheit. Aus der Nähe betrachtet würde der Bach mit meinem Geist korrespondieren und ihm zugleich neue Möglichkeiten eröffnen.

Je näher ich einer Sache bin, desto stärker fühle ich mich zu ihr hingezogen – sowohl zu ihrer einzigartigen Wirklichkeit als auch zu ihrem Spiegel, in dem meine Wirklichkeit aufscheint. Nun, ich habe mich selbst überzeugt: Ich steige zum Bach hinunter.

Wenn ich in die Natur gehe, reizt mich oft die überwältigende Aussicht – der Grand Canyon, der hohe Wasserfall, der kalbende Gletscher. Das sind die interessanten Punkte auf Landkarten und die Ziele, um die herum ich meine Ferien plane. Dennoch ist es schwierig, zu solchen Sehenswürdigkeiten eine enge Beziehung herzustellen.

Oft setze ich mich, nachdem mich ein schöner Blick beeindruckt, ja betört hat, vor ein kleines, greifbares Ding – vor eine Blume, die über den Rand des Canyons ragt, einen Felsen, der durch den Wasserfall in Dunst getaucht wird, ein langsam kriechendes Insekt. Indem ich mich auf die Details dieses Objekts oder Wesens konzentriere, werde ich offen für einen persönlicheren Kontakt mit der Natur.

Der kleine Prinz in Saint-Exupérys gleichnamiger Geschichte ist einer Rose zugetan. Er belehrt den Erzähler, daß man durch die Wertschätzung, die man einer einzelnen Blume entgegenbringt, zur Liebe findet:

»Die Menschen bei dir zu Hause«, sagte der kleine Prinz, »züchten fünftausend Rosen in ein

und demselben Garten … und sie finden dort nicht, was sie suchen …«

»Sie finden es nicht«, antwortete ich …

»Und dabei kann man das, was sie suchen, in einer einzigen Rose finden …«

Der amerikanische Dichter Walt Whitman drückt es auf andere Weise aus: »Kein Gegenstand ist zu zart, als daß er nicht Mittelpunkt des ringsum kreisenden Universums sein könnte.« Wenn Sie sich einem Blatt nähern, wird dieses zum Zentrum Ihrer Welt. Dann empfinden Sie vielleicht ein hohes Maß an Achtung, die an Freude grenzt. Sie sagen sich: *Obwohl ich umgeben bin von einem Wald voller Blätter, bist du wunderbar und verdienst meine Aufmerksamkeit. Ich respektiere dich so sehr, daß du jetzt der Mittelpunkt meiner Welt bist.* Wenn Sie so Ihren Respekt bekunden, kommt es zu einem »Spiegeleffekt«: Denn wenn dieses Blatt unter all den anderen Blättern einen Wert hat, dann sind auch Sie es wert, unter all den vielen Menschen auf der Erde einzeln beachtet zu werden.

Mount Hood National Forest, Oregon August

Ich sitze vor der Hütte; das morgendliche Ritual, bestehend aus Frühstück mit Früchten, Hausarbeiten und Rückenübungen, liegt hinter mir. Weil ich im Urlaub bin, sollte ich eigentlich sanft und gelassen sein, statt dessen aber nagen Sorgen an meinem Magen.

Ein in der Sonne funkelndes Spinnennetz am Fuße einer mächtigen Tanne lenkt mich von den Sorgen ab. Sein träges Auf und Ab fordert auch mich auf, langsamer zu machen. Der süße Zedernduft und die zarte Luft umhüllen mich sanft und schenken mir Ruhe.

Weil meine Begleiterin Sandra Jo in den Ort gefahren ist, um ihre Tochter anzurufen und Postkarten aufzugeben, ist das vielleicht der richtige Augenblick für ein Spiel, das ich erfunden, aber nie ausprobiert habe. Ich nenne es »Kriechen und Näherkommen«. Ich trage einen Pullover, den ich nötigenfalls schützend über meine Hände ziehen kann. Natürlich könnte ich auch Handschuhe benutzen, aber ich möchte soviel wie möglich berühren. Ich werde über den Pfad zum Parkplatz kriechen. Da ich ihn jeden Tag zu Fuß gehe, wird es interessant sein, genauer zu betrachten, was er alles bereithält.

Zuerst krieche ich zwei Meter in Richtung des Stamms der großen Tanne. Trockene Nadeln stechen mir ein wenig in die Finger, aber das ist nicht weiter schlimm. Am Fuße des Stamms angekommen, puste ich vorsichtig auf ein schimmerndes Spinnennetz, das mich in seinen Bann zieht. Dreißig Zentimeter entfernt sitzt eine weitere Spinne in der Mitte ihres wohlgeformten runden Netzes. Wenn ich auf dem Boden liege und meinen Kopf so neige, sehe ich, wie der Sonnenschein die Kreise aus Seide aufleuchten läßt und das Netz in eine transparente Schallplatte verwandelt, über deren Rillen sich Regenbögen spannen. Mir wird bewußt, daß ich allein an dieser Stelle viel Zeit verbringen könnte.

Aber ich höre den Wagen vorfahren, und tatsächlich kommt Sandra Jo und sagt: »Was in aller Welt machst du denn da?«

Ich erkläre das Spiel, und ihre Frage ist damit hinreichend beantwortet. »Es sieht nur äußerst seltsam aus«, sagt sie, während sie in die Hütte geht.

Da sie gleich vor der Hütte sitzen und lesen wird, ändere ich meine Route. Ich will mir keinerlei Gedanken darüber machen, daß ich seltsam aussehe. Ich will mit der Natur allein sein.

Ich gehe hinter die Hütte, wo sich der äußere Wasserhahn befindet. Ich krieche über den Weg zum Seitengebäude. Aus irgendeinem Grund liegt mir diesmal daran, weiter als zwei Meter voranzukommen. Ich habe vor, den ganzen Weg entlangzukriechen und besondere Stellen zu entdecken, die ich dann später noch einmal aufsuchen und genauer erkunden kann.

Nach drei Metern merke ich, daß es hier keine herausragende magische Stelle gibt. Aus dieser Nähe betrachtet, ist jedes Stück des Bodens magisch. Die Annäherung muß das universelle Gegenmittel gegen Langeweile sein.

Zwischen Baumstämmen blitzen Lichtstrahlen auf und erlöschen wieder, zuerst die eine kleine Szenerie erhellend, dann die andere. In solchen Augenblicken frage ich mich, warum ich mir die Mühe mache, große Entfernungen zurückzulegen und Naturwunder wie Wasserfälle oder das Meer zu besuchen. Auf diesem

Weg hier ereignen sich mehr Wunder, als ich innerhalb eines Monats erforschen könnte.

Obwohl ich von Schönheit umgeben bin, verspüre ich das Bedürfnis, tiefer einzutauchen. Für mich heißt das: schweigen. Ich lehne mich gegen eine große Tannenwurzel. Der Wedel des Schwertfarns, der sich dicht vor meiner Brust hin und her bewegt, besteht aus einer bunten Mischung kleiner Blätter. Einige sind braun, zu verschlungenen Formen zusammengerollt und am Rand mit bösartig wirkenden Zähnen besetzt. Andere sind grün mit beigefarbenen und gelben Punkten.

Neben diesem gesprenkelten Wedel steht einer, der vollkommen grün und ganz ist. Sein Wohlbefinden wird weder durch Käferbisse noch durch Risse beeinträchtigt. Die eine Farnpflanze hat nur diese beiden Wedel. Ich kann mir nicht erklären, warum sie so verschieden sind.

Ich wende mich dem Wedel mit den eingerollten braunen Blättern zu. Ein Blatt fängt das Sonnenlicht ein, also konzentriere ich mich darauf. Es ist gut zwanzig Zentimeter von meinem Gesicht entfernt.

Ich habe nichts anderes vor, als mit ihm still zu sein. Während ich bis zum hundertsten Atemzug zähle, ruht mein Blick auf dem grünen Objekt. In dem Maße, wie sich die Stille in mir ausbreitet, wird es lebendiger. Scharf gezogene Schattenlinien fallen auf die Unterseite bei den Zähnen entlang dem gebogenen Rand. Was zunächst wie ein kräftiges Braun aussah, entpuppt sich als Ansammlung zahlreicher Schatten, die miteinander verschmelzen. Einzelne Zellen leuchten in der Sonne wie die Schuppen einer Schlange.

Der Farn hängt bewegungslos in der Sonne; ich lehne reglos an der Wurzel des Baums. Sobald ich bei hundert angelangt bin und besänftigt weiteratme, fühle ich, wie eine unsagbare Freude in meine Zellen schießt. Wir beide, der Wedel und ich, sind völlig still. Ich bin glücklich, bei dieser Pflanze zu sein.

Ich beginne, in Gedanken das Satnam-Mantra zu singen, damit ich nicht durch inneres Gerede abgelenkt werde. Eine Stimme in meinem Kopf sagt: *Du brauchst das nicht zu tun. Ich bin für dich wirklich.* Es ist, als würde mir das Blatt mitteilen, daß ich nichts dazutun muß, um die Verbindung zwischen uns zu bewahren.

Du bist für mich wirklich, sage ich leise im Innern. Die Worte werden bestätigt durch die Freudentränen, die mir in die Augen steigen. Eigentlich ist es nicht nur Freude, die sich auf diese Weise bemerkbar macht, sondern ein Gefühl von Echtheit. Läßt es sich überhaupt in Worte fassen? *Du bist für mich wirklich.* Das Gefühl ist heiter, aber nicht identisch mit Freude. Es ist Einsicht. Ich erkenne das Wesen des Blattes. Ich bekräftige sein Recht dazusein; ich respektiere sein Leben. Ich fühle mich ihm verwandt, nicht weil ich ebenfalls sterben werde oder weil wir am gleichen Lebensprozeß partizipieren, sondern weil es genauso wirklich ist wie ich. Es hatte ein vollkommenes Leben; es brachte herrliche gezackte Ränder hervor. Es gab Sauerstoff an die Luft ab und bewältigte die Photosynthese wie geplant. Sein Leben besaß die gleiche Realität wie das meine. Es ist nicht tot aus Dummheit oder aus Schwäche. Nein, es hatte ein vollkommenes, erfülltes, tätiges, produktives Leben. Es ist immer noch wirklich. Es ist flach und trocken, wohingegen ich rund und feucht bin, aber wir sind beide wirklich.

Eine Träne fließt in meine Nase und mein Rücken schmerzt, aber ich bin noch nicht bereit zum Aufbruch. *Bist du wirklich, weil ich dich liebe?* frage ich das Blatt.

»Liebe« scheint mir nicht das richtige Wort zu sein. *Bist du wirklich, weil ich dir eine Viertelstunde Beachtung schenkte, weil ich mir einfach die Zeit nahm, dich richtig wahrzunehmen?* Ich denke, das stimmt. Ich bin überall von Wirklichem und Echtem umgeben. Ich halte bloß nicht oft genug inne, um es wahrzunehmen oder zu fühlen.

Zu dem Meer von grünen Blättern sage ich: *Ihr seid für mich wirklich*, aber das klingt irgendwie falsch. Ich fühle in ihnen zwar den Reichtum des Lebens, doch wahrscheinlich kann immer nur jeweils ein Blatt für mich wirklich sein.

Erneut betrachte ich den Farnwedel. *Du bist für mich wirklich*, sage ich. Ja, da regt sich wieder dieses Gefühl. Sobald jedes seiner Details klare Konturen annimmt, fließt eine Energie von ihm zu mir. Er wächst natürlich nicht unter meinen Blicken, aber der Energiestrom wird stärker. Die unsichtbare Scheibe zwischen uns, von der ich vorher überhaupt nichts wußte, ist gefallen, so daß mich jetzt mehr von seiner vibrierenden Essenz erreicht.

Die Luft zwischen den höchsten Tannenzweigen und den Pflanzen auf dem Waldboden ist gesättigt von der Energie und dem pulsierenden Atem des hiesigen Lebens. Ich bin erfüllt von diesem klaren, nahrhaften Gemisch.

Sich einem natürlichen Gegenstand zu nähern und die ganze Aufmerksamkeit auf ihn zu richten, erscheint so banal, daß man dazu neigt, dieser Erfahrung jede Wirkung abzusprechen – aber das ist ein Trugschluß. Nur selten betrachten wir die wunderbare Welt, deren Teil wir sind. Doch wenn wir aufmerksam hinschauen, empfangen wir mehr, als wir erwartet haben.

Julia Cameron, Autorin des bereits erwähnten Buches *The Artist's Way*, schreibt: »Die Lebensqualität hängt immer von der Fähigkeit ab, sich an etwas zu erfreuen. Und diese Fähigkeit ist das Geschenk einer zielgerichteten Aufmerksamkeit.«

Alan Watts geht noch einen Schritt weiter und sagt, daß das wahre Sehen zur Erleuchtung führt:

> *Auch liegt der Erfahrung der Befreiung – dem* satori, *Nirwana, »kosmischen Bewußtsein« etc. – nicht etwas Psychologisches im Sinne eines subjektiven Geistesblitzes zugrunde. Vielmehr wurzelt sie in der körperlichen Welt, die in neuer Weise gesehen wird … Die Ewigkeit ist jetzt, und im Licht der ungebundenen Vision entpuppen sich körperlicher Organismus und körperliche Welt als göttliche Welt.*

Sie können die Früchte dieser Annäherung an das Natürliche fast überall ernten. Ich habe schon die ganze Schönheit in mich eingesaugt, als ich im Gras meines Gartens lag und jedes Ding vor meinen Augen beobachtete. Und ich habe ein intensives Wohlwollen gegenüber einem Kaktus empfunden, indem ich, das Gesicht nah vor den gebogenen Stacheln, still bei ihm verweilte.

Kürzlich saß ich nach einer Fußoperation im Rollstuhl, und so hatte ich nur begrenzt Zugang zur Natur. Einmal am Tag begab ich mich nach draußen und rollte durch die Nachbarschaft. Obwohl es mir Spaß machte, an den Höfen und Gärten vorbeizufahren, bescherte mir doch das stille Sitzen in unmittelbarer Nähe eines Strauchs, der über den Bürgersteig hing, die beglückendste Erfrischung und Erholung. Ich versenkte mich in das Spiel der Schatten auf Laub und Blütenblättern, die der Wind zum Tanzen brachte. Ich streichelte Stämme, Zweige und Kelchblätter, ließ meine Haut deren Beschaffenheit und Lebendigkeit spüren und auskosten. Diese Minuten mit dem Strauch erfreuten mich den ganzen Tag und noch einige Zeit später.

Sich einem natürlichen Objekt hinzugeben, ist die einfachste und schnellste Kommunikationsmethode. Sie können dies in fünf Minuten tun, um den Streß eines hektischen Tages zu reduzieren. Zehn Minuten gleichen einem Miniurlaub, bei dem Sie in Schönheit baden. In fünfzehn Minuten und mit geistiger Offenheit entdecken Sie vielleicht jenes Gefühl von Verwandtschaft mit dem Leben, das tröstlich, ja sogar mystisch ist.

Ratschläge für die Annäherung an die Natur:

1. Wählen Sie ein Objekt aus und richten Sie all Ihre Aufmerksamkeit darauf.
2. Kommen Sie diesem Objekt oder Wesen so nahe wie möglich; sitzen oder liegen Sie bei ihm, lehnen Sie sich dagegen. Füllen Sie Ihr ganzes Gesichtsfeld damit aus.
3. Berühren Sie dieses Objekt oder Wesen.
4. Erforschen Sie seine Details.
5. Sprechen Sie mit ihm.
6. Seien Sie still.

Manchmal gehen Sie in die Natur, um sich einfach nur auszuruhen. Öfter aber tun Sie diesen Schritt der inneren Erneuerung und Entwicklung wegen. Sie erhoffen Lektionen, neue Perspektiven und Lösungen für drängende Probleme. In diesem Kapitel entdecken Sie eine der wirksamsten Methoden, von der Natur zu lernen: indem Sie nämlich mit den Vorbildern kommunizieren, die sie Ihnen anbietet.

8
NATÜRLICHE VORBILDER BENUTZEN

Als Kinder haben wir Geschichten gelesen, die uns ermunterten, Pflanzen und Tiere als Vorbilder zu betrachten. »Sei fleißig wie eine Ameise; sei nicht so faul wie die Heuschrecke; sei klug wie die Krähe.«

Wenn wir erwachsen sind, fällt es uns meistens schwerer, demütig zu sein und zur Natur zu sagen: »Belehre mich. Zeige mir, wie man leben soll.«

Dennoch fordern uns einige der heiligsten Schriften auf, genau das zu tun. Im Buch Hiob etwa heißt es:

> *Frage doch das Vieh, das wird dich's lehren, und die Vögel unter dem Himmel, die werden dir's sagen, oder die Sträucher der Erde, die werden dich's lehren, und die Fische im Meer werden dir's erzählen.*

Dogen, einer der größten Meister des Zen-Buddhismus im Mittelalter, schrieb:

> *Es gibt alle Arten von Schriften: Einige entfalten eine sublime Wahrheit, andere bringen eine triviale Einsicht zum Ausdruck … Einige sind tatsächlich mit Wörtern aus Grashalmen oder aus vielerlei Bäumen geschrieben.*

Wenn wir die Natur um Unterweisung bitten, wenn wir fragen: »Was kann ich von dir lernen?«, finden wir überall Lehrmeister. Während meines ersten Ausflugs in die kanadischen Rocky Mountains stellte ich fest, daß ich fast jedes Objekt oder

Wesen als Vorbild nutzen konnte. Alles war imstande, mir Wissen zu vermitteln, wenn ich nur bereit war, zu lauschen und zu schauen.

Yoho National Park, British Columbia, Kanada

August

Ich sitze mitten auf einem staubigen Pfad und blicke über einen steilen Abhang hinunter auf die monumentalen Pfeiler aus Erde, bekrönt mit hartem Stein, der diese Formationen vor Erosion schützt. Über dem kahlen Boden ragen sie gen Himmel. Ich frage sie, ob sie eine Botschaft für mich haben.

Sie erwidern: *Wir waren tief in der Erde – fest, geborgen, unerschütterlich. Wir waren Teil des massiven Fundaments, aus dem andere Dinge hervorgingen.*

Aber alles ist dem Wechsel unterworfen. Das Leben ändert sich. Als Teil des Bodens fühlten wir uns sicher. Jetzt sind wir Pfeiler: ausgesetzt, allein und abgetrennt von der Erdmasse zu unseren Füßen. Nie haben wir darum gebeten oder dergleichen erwartet, aber wenn die Veränderung kommt, mußt du einfach du selbst sein. Auch wenn du dich dabei ein wenig unsicher fühlst und mit dem Unbekannten konfrontiert wirst. Selbst wenn du dich von deiner Umgebung abhebst. Das Leben ändert sich. Ein jeder reagiert anders auf den Wechsel. Es ist gut, einzigartig zu sein.

Ob wir unsere Frage in Worte fassen können oder nicht: Wir alle sehnen uns nach den Lektionen, die wir brauchen, und halten unbewußt danach Ausschau. Als ich diese Erdformationen zum erstenmal sah, war mir überhaupt nicht klar, daß ich lernen mußte, den Wechsel zu akzeptieren. Aber als ich die Botschaft vernahm, erschien sie mir richtig.

Ich stelle mir gerne vor, daß wir in uns einen Heiler, einen Lehrmeister, einen Förderer tragen, der uns zu dem führt, was wir am meisten brauchen. Wenn wir uns der Natur zuwenden, um Unterweisung zu empfangen, hören wir genau das, was wir hören müssen.

Es ist ein herrlicher Morgen am See. Die Sonne wärmt mich und bringt den Schnee auf den Cascade-Bergen zum Glühen. Der See ist ein prächtiger Türkis. Gelegentlich fliegen Enten oder Möwen vorbei. Das leise Schwappen der Wellen besänftigt und beruhigt mich.

Als ich ankam, verfütterten am Ufer einige Leute Brot an die Gänse und Möwen. Die Gänse waren stolz und zugleich gierig, die Möwen schrill und aggressiv. Jetzt ist das Frühstück beendet, und der ganze Schwarm Möwen treibt auf dem Wasser. Sie schwimmen nicht, sondern driften nur langsam nach Osten zur leeren Mitte des Sees. Hier und da badet eine oder fliegt davon, aber die meisten treiben einfach nur dahin.

Mir ist, als beobachtete ich eine Morgenmeditation. Die Möwen scheinen zu sagen: *Ja, jeder Tag ist voller Betriebsamkeit und Geschrei und Fressen, aber an jedem Tag muß es auch die Möglichkeit geben, sich treiben zu lassen und nichts anderes zu tun. Du mußt dir Zeit nehmen, um mit den Wellen zu sein, mit der Sonne und der Weite des Sees.*

Sie treiben nun schon lange. Indem ich ihnen zuschaue, kann ich mich geistig entspannen und ebenfalls treiben. Eine Minute vergeht, dann noch eine, schließlich sind fünf Minuten vorbei. Ich habe das Gefühl, mit den Möwen eine Stunde übers Wasser getrieben zu sein. Ich bin locker und ruhig. Sie haben recht. Jeden Tag muß man Zeit erübrigen, um einfach nur dahinzutreiben.

Ich habe die Möwen nicht förmlich gefragt: »Was könnt ihr mir beibringen?« Und sie haben nicht förmlich geantwortet: »Hier, lern das.« Trotzdem konnte ich mir die Lektion mühelos aneignen.

Wir sträuben uns vor allem deshalb, von den Vorbildern der Natur zu lernen, weil wir den Pflanzen und Tieren keine menschlichen Eigenschaften zuschreiben wollen. Wenn wir zu verstehen meinen, was es den Möwen bedeutet, auf dem Wasser zu treiben, sind wir irgendwie befangen. Schließlich kann es ja sein, daß sie dabei bloß ihre Nahrung verdauen oder insgeheim die Hackordnung für den jeweiligen Tag festlegen. Vielleicht auch beschert ihnen solches Nichtstun weder Entspannung noch Gelassenheit.

Wenn wir um Lektionen bemüht sind, die uns im eigenen Leben weiterhelfen, spielt es keine Rolle, was tatsächlich in den Möwen vorgeht. Sogar Naturforscher werden die Möwen nie ganz verstehen. Vielmehr kommt es darauf an, daß wir während unserer Beobachtungen eine segensreiche Botschaft von ihnen empfangen. Von unserer Aufnahmebereitschaft und Kreativität hängt es ab, ob wir die Beispiele und Inspirationen finden, die wir brauchen.

Unterschätzen Sie nie den Einfluß eines natürlichen Vorbilds. Theorien über die Erziehung zeigen eindeutig, daß das mustergültige Verhalten des Lehrers wichtiger und wirkungsvoller ist als der Inhalt der Lehre.

Ohne es zu wissen, benutzen Sie ständig irgendwelche Vorbilder. Starren Sie auf vorbeiziehende Wolken, wenn Sie sich gerne entspannen möchten? Das funktioniert doch, nicht wahr? Ein Freund von mir sucht hohe Bäume auf, wenn er deprimiert ist. Er sagt, sie würden das senkrechte

Prinzip des Universums verkörpern und ihm das Gefühl geben, völlig aufrecht zu stehen.

Banff National Park, Alberta, Kanada August

Ich sitze am Ende des Chephren Lake. Vor mir erhebt sich der Mount Chephren mit seinen beigefarbenen Felsreihen wie eine ägyptische Pyramide.

Aber sein herrlicher Gipfel ist nicht der einzige. Der halbkugelförmige Berg am anderen Ende beherbergt Dutzende von weichen Schneefeldern und einen blauen Gletscher, der einen Strom silbernen Wassers über den Schotter in den See schleudert.

Zu meinen Füßen gurgelt dieses Wasser ans Ufer, nachdem es sich mit stillen türkisfarbenen Tiefen vermischt hat. Knapp anderthalb Meter von mir entfernt liegt der letzte der Baumstämme, die den See abdämmen. Hier, auf diesem treibenden Stamm, der von rauschendem Wasser umgeben ist, hat sich eine kleine Gesellschaft niedergelassen, um zu wachsen und zu gedeihen.

Während die meisten anderen versilberten Stämme so nackt sind wie Treibholz, läßt dieser hier elf Grasbüschel sprießen, drei Büschel Miniaturbinse, eine kleine Fläche mit wilden Blumen und einen Bonsai-Strauch. Im Moment fällt es mir schwer, mich mit der großartigen Pyramide des Mount Chephren oder dem flüssigen, türkisfarbenen Spiegel des Chephren Lake zu identifizieren, aber zu dem Mikrokosmos auf dem toten Baumstamm kann ich eine Beziehung herstellen.

Mich verblüffen die Einheit und Geschlossenheit dieser unscheinbaren Gesellschaft. Sie sprüht geradezu vor Leben. Ungeachtet der Gefahr, die auf beiden Seiten vorbeirauscht, floriert sie und produziert Samen. Auf einer dem Untergang geweihten Insel blüht das Leben mit einem so uneingeschränkten Elan, als stünde ihm die saftigste Wiese zur Verfügung. Es scheint sich durch nichts entmutigen zu lassen, ja sich seines schwankenden Untergrunds nicht einmal bewußt zu sein. Der Garten könnte durch eine Schneeschmelze im Hochsommer überflutet werden, der Stamm könnte sich lösen und mit der Oberseite nach unten an einen Erdwall rollen. Das Holz könnte einfach verfaulen, sich mit Wasser vollsaugen und aufgebrochen werden von den Wurzeln, die sich in sein Inneres bohren. Aber offenbar ist keine der Pflanzen deswegen besorgt. Das ist die Chance, die das Leben ihnen gibt, und sie machen daraus etwas Schönes.

Die Pflanzen auf diesem Baumstamm sind für mich große Vorbilder. Ich beklage mich über das schlechte Wetter, über den platten Reifen am Wohnmobil oder darüber, daß ich nicht genügend Zeit in der Natur verbringen kann. Nicht oft bejahe ich das Leben in der Weise, wie sie es tun, bin ich dankbar und offen, um freudig erregt meine Chance wahrzunehmen. Ein Baumstamm in der Strömung macht mich demütig.

Sobald ich mich von der Natur belehren lasse, stelle ich fest, daß einige Beispiele ganz offensichtlich sind: Sei stark wie der Felsen inmitten des Wasserfalls; sei flexibel wie das Gras, das sich im

Wind biegt. Öfter aber sind die Botschaften subtil und überraschend, wie der nächste Tagebucheintrag zeigt.

Hinter den Klettergeräten auf dem Spielplatz am Ende der Straße erhebt sich ein kleiner Hügel, der mit Pflanzen und großen alten Bäumen bewachsen ist. Obwohl dieser »Wald« nur etwa sechzig mal dreißig Meter groß ist, bietet er doch genügend Platz zur Zuflucht. Viele Pfade ziehen sich zwischen den Büschen hindurch, und wenn ich sie sehe, wünsche ich mir, daß jeder Spielplatz auf der Welt den Kindern – und den Erwachsenen – eine solche kleine Wildnis böte.

Leschi School, Seattle September

Ich habe meine Tage, und dementsprechend ist mein Zustand – langsam, ein bißchen verkrampft, müde. Trotz der Angst, daß diese Lethargie eine schlimmere Krankheit oder eine nicht mehr zu überwindende Faulheit ankündigt, erscheinen mir die Langsamkeit und das Gefühl, eingeschränkt zu sein, doch sehr angenehm.

Ich habe es geschafft, einen Imbiß einzupacken und hierher zu fahren; jetzt habe ich die Wahl, entweder zu sitzen oder mich hinzulegen. Verträumt den Blick schweifen zu lassen ist ebenso möglich wie bewußt zu atmen oder gegen einen Baumstamm zu lehnen. Darüber hinaus steht es mir immer frei, besorgt zu sein. Aber damit sind auch schon sämtliche Alternativen genannt.

Im Moment kann ich keine hilfreichen Hausarbeiten verrichten, keine geistigen Höhenflüge unternehmen. Es ist sinnlos, von der Lebenskraft tiefe Einsichten oder ekstatische Stimmungen zu fordern. Wenn sie sich einstellen sollen, müssen sie von selbst meinen mentalen Nebel durchdringen. Ich habe keine Kraft übrig, um irgendwelche Wunder zu bewirken. Also stapfe ich in Richtung der Bäume.

Die Sonne sprenkelt die riesigen Stämme über der weichen braunen Erde, die mit Blättern bedeckt ist. Ja, das ist ein guter Schlupfwinkel. Ich häufe gefallenes Laub auf, um es als Kopfkissen zu benutzen. Es raschelt unter meiner Baseballmütze, während ich mich darauf lege, und verströmt die unterschiedlichsten Düfte – süß, würzig, bitter.

Über meinem Kopf wölbt sich die Kathedrale eines Ahorns. Seine Krone besteht aus hellgrünen und goldenen Blättern, die aussehen wie Buntglas. Schwarze gebogene Äste trennen die funkelnden Bereiche, indes ein blaßblauer Himmel zwischen den einzelnen »Glasscheiben« glüht. Doch weder die dramatisch verdrehten Äste noch die hin und her bewegten Glasblätter nehmen mich gefangen, sondern die riesige, stille Luftmasse unter den Zweigen. Ich atme einmal tief ein.

Hier kann meine Seele sich ausdehnen in den klaren, gewölbten Raum, der allein von Schönheit begrenzt ist. Gelegentlich flattern winzige Vögel durch ihn hindurch; ein braunes Blatt fällt in einer Spirale nach unten und landet mit einem Knistern. Meistens jedoch geschieht gar nichts. Im Herzen bin ich so ruhig wie der dicke braune Stamm; ich gestatte mir einfach nur, von dieser wunderbaren Weite umgeben zu sein.

Ein rotes Eichhörnchen schreit, ein Frosch quakt. Leise sage ich zu meinem Baum: *Was kann ich von dir lernen? Du stehst so majestätisch da, deine Äste biegen sich mit solcher Anmut. Um dich herum schaffst du einen Ort der Schönheit, in dem du dann lebst. Reagiert mein Herz deshalb so freudig auf dich, weil es möchte, daß ich einen ebenso prächtigen Raum schaffe, in dem es leben kann?*

Ich stelle mir vor, daß der Baum mir flüsternd antwortet: *Strecke deine Arme aus und bemale deine Wände mit leuchtenden Farben. Umgib dein Wesen nur mit Schönheit und Frieden. Steh aufrecht und stark in der Welt, aber bewahre auch die Sanftheit und Herrlichkeit der Luft, die du atmest, und der Nahrung, von welcher du lebst. Presse deine Probleme und Schmerzen dort zwischen den Zähnen deiner spitzen Blätter heraus, und laß nur sanfte Brisen über deinen bemoosten Stamm streichen. Schaffe Raum, um in aller Ruhe deinen Gedanken nachzuhängen, während sie nacheinander langsam zu Boden fallen.*

Die Natur präsentiert uns eine Vielzahl von Vorbildern. Manchmal fühle ich mich zu einem hingezogen, das mich an die Bedürfnisse erinnert, deren ich mir bereits bewußt bin. Der Möwenschwarm zum Beispiel rief mir ins Gedächtnis, daß ich öfter ausruhen und meditieren sollte. Ebensooft aber zeigt die Natur mir Möglichkeiten auf, an die ich nicht einmal im Traum gedacht hätte.

Bevor ich unter dem großen Ahorn lag, hatte ich mir nie mein inneres Wesen vergegenwärtigt oder in Betracht gezogen, daß es ringsum Freiraum braucht. Aber als ich die Blätter betrachtete und mich der Stille hingab, rührte sich etwas in mir und sagte: *Das vermittelt mir ein wunderbares Gefühl. Ich möchte es in meinem Leben haben. Was ist es?*

Wenn ich ein ungewöhnliches Vorbild benutze, mache ich zwei erstaunliche Erfahrungen: Der Blick auf mein Leben erweitert sich, und das Gefühl, mit der Natur verwandt zu sein, wird intensiver. Hohe Ahornbäume erscheinen mir dann weniger fremd. Sobald ich jetzt einen an der Straße sehe, durchflutet mich eine innige Vertrautheit.

Natürliche Vorbilder können Ihren Alltag bereichern, ganz gleich, wo Sie sich gerade aufhalten. Fragen Sie den Baum an der Bushaltestelle, ob er eine Botschaft für Sie hat. Fragen Sie das Wasser im Bewässerungsgraben. Fragen Sie den Philodendron auf der Fensterbank. Sie brauchen nicht mehr als geistige Offenheit und die Bereitschaft, etwas zu lernen.

So ermunterte auch Stuart Udall, der frühere Innenminister der Vereinigten Staaten, die Amerikaner, sich von der Natur inspirieren zu lassen:

> *In den letzten Jahrzehnten haben wir uns allmählich wieder auf einige Wahrheiten besonnen, die die Indianer von Anfang an wußten: daß die ungeborenen Generationen ebenso einen Anspruch haben auf das Land wie wir; daß die Menschen aufgefordert sind, von der Natur zu lernen, die Erde zu achten und in ständigem Kontakt mit Tieren und unbebautem Land ihren Geist zu regenerieren*

Ratschläge für die Benutzung von natürlichen Vorbildern:

1. Seien Sie bereit, zu lernen, offen zu sein und den Dingen mit Demut zu begegnen. Seien Sie wieder Schüler(in).

2. Achten Sie darauf, was Sie in Bann zieht – eine Pflanze, ein Tier, ein Gegenstand oder eine Landschaft.
3. Nähern Sie sich dem betreffenden Wesen oder Objekt.
4. Fragen Sie sich, warum gerade dieses Gegenüber Sie anzieht.
5. Nehmen Sie bewußt Ihre Gefühle wahr, sobald Sie sich auf einen solchen Mikrokosmos konzentrieren.
6. Fragen Sie – mit leiser Stimme oder in Gedanken: »Was kannst du mir beibringen?«

In diesem Kapitel lernen Sie eine der schnellsten und einfachsten Kommunikationsmethoden. Wenn Sie sich mit einem natürlichen Gegenstand identifizieren – also so tun, als wären Sie zum Beispiel ein Fels oder ein Baum –, legen Sie Ihre unruhige Gemütsverfassung ab und gelangen in eine völlig andere Wirklichkeit. Mit einem Schlag leben Sie sich ein und verschmelzen mit der Natur, empfinden Sie ein Gefühl von Verwandtschaft und betrachten die Dinge aus einer neuen Perspektive, die Lektionen für Sie bereithalten mag. Diese Identifikation verleiht den Vorbildern einen zusätzlichen Sinn und macht außerdem Spaß!

9
SICH MIT DER NATUR IDENTIFIZIEREN

»Versetz dich erst einmal in meine Lage« – diese altbekannte Redensart sagt uns, daß wir einen anderen Menschen erst dann wirklich verstehen können, wenn wir so leben wie er. Die Übung, sich mit einem natürlichen Gegenstand zu identifizieren, läuft auf das gleiche hinaus. Um einen Felsen zu kennen, müssen wir wie ein Fels leben, ja ein Fels sein.

Die Technik der Identifikation wird in zahlreichen traditionellen Therapieformen angewandt. Die Gestalttherapie etwa fordert den Klienten auf, auf einem leeren Stuhl Platz zu nehmen und genau so zu sein wie die von ihm erträumten Charaktere oder wie Teile des eigenen Körpers – eine fuchtelnde Hand oder ein zusammengepreßter Kiefer. Auf diese Weise kann der Patient die Erfahrung des vorgestellten Charakters oder Körperteils machen und herausfinden, welche Botschaft oder Weisheit dieser zu vermitteln hat. Andere Therapieschulen, wie Psychosynthese, Rollentherapie und Stimmendialog, empfehlen, daß der Patient nacheinander auf mehreren Stühlen sitzt und unterschiedliche Teile seiner selbst repräsentiert – zum Beispiel den weisen Teil, den ängstlichen Teil, den fürsorglichen Teil. Der Patient kann sich dann in die Gefühle, Bedürfnisse und Ansichten des betreffenden Teils hineinversetzen und von dort aus mit den anderen Teilen kommunizieren. Gewisse Übungen in der Bewegungstherapie, der Eheberatung und im Konfliktlösungstraining bringen Klienten dazu, sich in den Lebenspartner beziehungsweise in jemanden zu »verwandeln«, den er besser verstehen möchte. Sobald sein Sprechen und Verhalten dem dieser Person gleicht, begreift er von innen heraus, wie der andere wohl denkt und fühlt. Ob er sich nun bemüht, einen Aspekt seines eigenen Wesens oder einen anderen Menschen zu verkörpern – in beiden Fällen erhält er subtilere und vollständigere Informationen. Auf der Suche nach Wissen aktiviert die totale Identifikation Wahrnehmungs- und Empfindungsvermögen, Intelligenz und Intuition.

Neue Klienten sind oft bestürzt, wenn ich diese Technik zum erstenmal anwende. Ich stelle ihnen gegenüber einen Stuhl auf und sage: »Ich möchte, daß Sie etwas ausprobieren, das Ihnen zunächst seltsam erscheinen mag. Setzen Sie sich auf diesen Stuhl und seien Sie Ihr wütender Magen (oder Ihre Mutter oder Ihr ängstlicher Teil). Berichten Sie mir, was Sie als Magen denken und fühlen, was Sie als Magen brauchen.« Sobald sich die Betreffenden nicht mehr albern vorkommen, sind sie verblüfft darüber, welche Intensität die Erfahrung hat und wieviel sie dabei lernen.

Die Identifikation mit einem natürlichen Gegenstand kann ebenso wirkungsvoll sein. Sie zwingt Sie vor allem dazu, die geistige Unruhe sofort zu unterbinden, also vom Kopf auf die Sinne »umzuschalten«. Sie können kein Fels sein, der den Wind auf der Oberfläche spürt, wenn Sie sich Sorgen machen wegen Ihrer Steuern.

Die Identifikation katapultiert Sie in eine ganz neue Realität, die Sie genießen, erforschen und als Lernprozeß betrachten können. Dadurch werden Sie mit diesem Felsen vertrauter, so daß sich zwangsläufig ein Gefühl von Verwandtschaft entwickelt.

In der alten Kaivalya-Upanischad heißt es: »Wer sich selbst in allen Wesen sieht – und in sich selbst alle anderen Wesen, der erreicht ohne weiteren Grund die höchste Stufe des Brahman.« Damit wir unter »Wesen« nicht nur Menschen verstehen, erläutert Albert Schweitzer in *Die Weltanschauung der indischen Denker*:

Und da die Weltseele jedem Wesen innewohnt, findet sie ihr Selbst in jedem Wesen wieder, im Leben der Pflanzen ebenso wie im Leben der Götter. Das ist die Bedeutung des berühmten Tat twam asi *(Sei du selbst) der Upanischaden.*

Beim folgenden Tagebucheintrag werden Sie feststellen, daß ich auf einige Methoden zurückgreife, die Sie schon in früheren Kapiteln kennengelernt haben. Außer der Identifikation mit dem jeweiligen Objekt zähle ich meine Atemzüge, um konzentriert zu bleiben, bitte ich um eine Botschaft (wie im Kapitel über Vorbilder in der Natur).

Joemma Beach Park, bei Purdy, Washington

Februar

Die späte Nachmittagssonne wärmt mich, während ich mit meinem Freund Mike über den breiten Sandstrand gehe. Es ist Niedrigwasser, es herrscht Stille.

Wir kommen an eine Stelle, wo wir die Olympic Mountains sehen, und Mike sagt: »Ich würde gern eine von deinen Kommunikationsübungen ausprobieren.«

Er setzt sich in den Sand und lehnt sich gegen einen alten mit Muscheln besetzten Pfahl. Ich sage ihm: »Wähl dir einen Gegenstand und identifiziere dich mit ihm. Stell dir vor, daß du dieser Gegenstand bist, und mach dir dann bewußt, wie du dich fühlst und wie die Welt aus dessen Perspektive aussieht. Du kannst einen Felsen nehmen, eine Möwe oder die Bucht selbst.«

Er nickt. Ich denke mir: *Das war keine besonders ausführliche Erklärung. Sie hätte ruhig detaillierter, inspirierter oder poetischer sein können. Was soll er mit dieser kurzen Beschreibung anfangen?*

Ruhig breitet er seinen Mantel unter sich aus. Er scheint keine Fragen zu haben.

Ich gehe zu einem anderen Pfahl, setze mich auf meinen Mantel und schiebe Schal und Handschuhe als provisorische Stütze unter die Lenden. Ich weiß sofort, welchen Gegenstand ich mir aussuche. Ich möchte ein Stein sein.

Vor mir liegt ein sandiger Strand, übersät mit Tausenden von Steinen. Ich entscheide mich für einen etwa acht Zentimeter großen, beigefarbenen in knapp zwei Metern Entfernung. Er weist keine besonderen Eigenschaften auf. Er ist weder schön noch außergewöhnlich, aber immerhin nah und leicht zu betrachten. Ich hole tief Luft und male mir aus, wie ich mich als Stein wohl fühlen würde.

Als Stein bin ich sehr still und sehr fest. Die von der Sonne beschienene Seite ist warm, die im Schatten liegende kalt. Sanfte Brisen kitzeln mich mit kalten Küssen. Ich bin schwer.

Ich fühle mich hier zu Hause. An diesem Ort lebe ich jeden Tag. Ich rühre mich nicht vom Fleck. Der Sand um mich herum mag sich viermal am Tag verschieben, wenn die Wellen von Ebbe und Flut gegen mich schlagen, aber selbst der Sand bewegt sich nicht viel. Ich liege da, umgeben von Tausenden von Steinen. Ich bin Teil einer großen Menge.

Das weiter unten schwappende Wasser und die Olympic Mountains in der Ferne nehme ich kaum wahr; deutlicher bewußt bin ich mir des Raums, der mich umhüllt. Mein Universum ist das riesige Gewölbe blauer Luft über und neben mir. Inmitten dieser Unermeßlichkeit bin ich klein, still und fest.

Die Schreie der nahen Möwen sind leichte Vibrationen, die an mir abprallen. In Gestalt des Steins werde ich durch ihr rauhes Gezänk nicht gestört. Ich höre ferne Laute und Ereignisse, bleibe aber zentriert. Bereitwillig lasse ich die Geräusche und Bilder in mich einströmen; ich empfinde keinerlei Bedürfnis oder Verlangen.

Mein menschlicher Geist schweift allmählich ab. Um mich weiterhin auf mein Dasein als Stein zu konzentrieren, zähle ich meine Atemzüge bis hundert und sage jedesmal »Stein«. *Eins, Stein; zwei, Stein; drei, Stein …*

Für jeweils zehn Atemzüge schließe und öffne ich die Augen. Wenn ich sie schließe, fühle ich die Stille im Innern. Ich bin schwer und dunkel. Wenn ich sie wieder öffne, fühle ich mich zu Hause. Ich habe ein herrliches Heim. Die fernen Berge und die weite Fläche der Steine am Strand sind mir tief vertraut. Ich muß nirgendwo hingehen und nichts tun. Ich kann einfach nur daheim sein. Ich kann einfach *sein*.

Sobald das Zählen der Atemzüge beendet ist, kehre ich in mein menschliches Selbst zurück und frage den Stein, ob er eine Botschaft für mich hat. Als würde er antworten, kommen mir folgende Sätze in den Sinn: *Du trägst in dir die gleiche geballte Stille, die du auch in mir fühlst. Ungeachtet der eingebildeten Hektik in deinem Leben ist dein Kern immer da, massiv wie ein Stein. Eben deshalb identifizierst du dich so gerne mit mir. Du willst deinen Erinnerungen nachhängen. Du möchtest deine eigene geballte Stille wieder zum Vorschein bringen. Dein Kern entsinnt sich daran, wie wichtig es ist, festen Boden unter den Füßen zu haben. Du kannst jederzeit der steinige Teil deiner selbst sein. Er existiert ebenso gewiß wie all deine anderen Teile. Du kommst zu mir, um ihn wiederzuerwecken. Wir sind gar nicht so verschieden.*

Im innersten Mark fühle ich eine intensive Stille, die wie ein Lächeln kribbelt. Sie ist so kraftvoll und stabil wie der Stein.

Mein Rücken ist steif. Wie sehr ich diese Kommunikation auch genieße – mein Körper setzt ihr ein zeitliches Limit. Als ich höre, wie

Mike sich bewegt, gehe ich hinüber und frage ihn, wie er die Übung fand.

Er antwortet: »Ich mochte sie. Sie hat mir Spaß gemacht und mich schnell entspannt. Normalerweise sträube ich mich gegen zielgerichtete Meditationen, bei denen der Leiter mich auffordert, ein Baum oder irgend etwas anderes zu sein. Die genauen Anweisungen lenken mich oft von der Erfahrung selbst ab. Hier aber konnte ich mir aussuchen, was ich sein wollte und worauf ich meine Aufmerksamkeit richten wollte. Es war einfach.«

»Was warst du?« frage ich, mich neben ihn setzend.

»Ich beschloß, die kleine Bucht da unten zu sein. Ich war der Sand und konnte spüren, wie die Wellen gegen mich schlugen. Dann bemerkte ich, wie von oben Wasser in mich sickerte, und fühlte auch das. Ich nahm mich selbst immer deutlicher wahr. Ein Teil von mir lag über dem Wasser und glühte in der Sonne. Ein anderer besaß kleine Steine, über die das Wasser rann. Mir ist, als hätte ich jetzt eine persönliche Beziehung zu der kleinen Bucht. Ich weiß, daß ich mich jederzeit daran erinnern kann, wie sie aussah und wie ich mich fühlte, als ich sie war.«

Ich selbst entdeckte die Identifikation als Kommunikationsmethode im Laufe meiner zahlreichen Aufenthalte in der freien Natur. Zunächst saß ich oft nur da und versuchte, still zu sein. Ich wußte, daß ich Zwiesprache mit der Natur halten wollte, und stellte mir vor, daß etwas geschehen würde, wenn ich meinen Körper mit einbringen könnte. Meistens jedoch gelang es mir nicht, meine Gedanken abzustellen, und schließlich war ich verspannter und frustrierter als am Anfang.

Manchmal indes geschah auch etwas Wunderbares, und zwar fast immer dann, wenn ich mich zufällig mit einem Gegenstand in meiner Umgebung identifizierte. Lassen Sie mich Ihnen ein Beispiel geben.

An einem Weihnachtsfest versammelten sich Familienmitglieder und Freunde in einer Hütte auf dem Mount Hood. Es herrschten keine optimalen

Bedingungen, um mit der Natur zu kommunizieren; draußen war es eiskalt und drinnen laut.

Trotzdem lag mir daran, wenigstens einmal am Tag auf der winzigen verglasten Veranda zu sitzen, ein wenig Ruhe und Frieden zu finden und den Dialog mit der Natur zu erproben. Ständig war ich eingewickelt in Schichten von Pullovern und in einen langen Mantel; häufig benutzte ich auch mein Ohropax. Es war nicht meine bevorzugte Kommunikationsmethode. Lieber hätte ich die Geräusche und Gerüche des Waldes um mich herum gehabt, aber dafür war es zu kalt. Ich war erstaunt, daß die Identifikation sogar durch Glas und unter solch widrigen Witterungsverhältnissen funktionierte.

Mount Hood National Forest, Oregon Dezember

Ich sitze auf der Veranda der Hütte, die von der Sonne beschienen ist. Ich spüre die kalte Luft auf meinem Gesicht und sehe meinen Atem, sobald ich tief ausatme. Heute habe ich hier draußen nur wenig Zeit.

Entlang dem Bach vor der Hütte leuchten bemooste Ahornbäume in der Sonne. Riesige

Zedern bilden den perfekten dunkelgrünen Hintergrund.

Dumpfe Geräusche aus dem Haus erregen meine Neugier, aber sie lenken mich nicht lange ab. Der weite offene Raum über dem Bach zieht mich an wie ein Magnet. Er gleicht einem gigantischen Amphitheater aus Luft.

Ich stelle mir die Form dieses Raumes vor. Ich bin voll und rund, entspannt und offen. Ich spüre, wie die Äste und Zweige in mich dringen, wie die Luft und die Sonnenwärme durch mich hindurch zirkulieren.

An meinen Rändern dehne ich mich immer weiter aus, umsäumt von Ästen, Nadeln und Moosbüscheln – hier fein ziseliert, dort überrascht von den plötzlich offenen Räumen. Ich fühle den Stoffwechsel zwischen den Bäumen und mir. Ich bin entzückt über Vögel, die mich durchfliegen, und über Blätter, die langsam zu Boden fallen. Raum zu sein, ist herrlich.

Ich besinne mich wieder auf mich selbst und fixiere das Geflecht aus eisigen Silberzweigen, die nur wenige Zentimeter vor meinem Fenster hängen. Vor dem Hintergrund der schattigen

Hügelseite hinter dem Bach gleichen sie kristallinen Spinngeweben, die den Raum durchschneiden.

Ich überlege, mit welchem Zweig ich mich identifizieren will. Sobald ich den entdeckt habe, der »ich« ist, entspannt sich mein ganzer Körper. Der Zweig hat wenig Triebe und Gabelungen; er ist ziemlich dick – kräftig, aber auch biegsam. Allmählich habe ich das Gefühl, mit ihm übereinzustimmen.

Als Zweig habe ich keine Mühe, einfach zu sein. Meine sparsamen Linien zentrieren mich und führen mich zurück in mein innerstes Selbst. Sobald ich zu den vielgliedrigen anderen Zweigen hinüberschaue, bin ich angespannt und konfus. Ich möchte unbedingt ein einfaches Leben.

Ich begreife jetzt, warum Menschen, die der einen oder anderen spirituellen Tradition folgen, über bestimmte Gegenstände meditieren – über eine Kerze oder einen Steingarten. Vielleicht wollen sie der Essenz dieser Dinge teilhaftig werden – oder schlicht jene Energie aktivieren, die sie bereits in sich tragen. Der Raum über dem Bach öffnet mich, schleift meine rauhen Kanten ab. Der Zweig bestätigt mein Bedürfnis nach Einfachheit. Er läßt es mich eher auf der instinktiven als auf der intellektuellen Ebene spüren.

Sie haben bemerkt, daß ich nicht von vornherein darauf aus war, eine Identifikationsübung zu machen. Sie ergab sich wie von selbst. Ich bezweifle, daß ich damals überhaupt wußte, welche meiner Handlungen und Vorstellungen dieses außergewöhnliche Erlebnis ermöglichten. Aber da ich mir jetzt dessen bewußt bin, kann ich jederzeit und überall beschließen, dieser oder jener Gegenstand zu sein.

Es wäre allzu rational und engstirnig, wenn ich mir einfach sagte: »Oh, heute bin ich verwirrt, also stelle ich mir vor, ein Stein zu sein.« Oder: »Heute bin ich verkrampft, und es wäre wahrscheinlich sehr entspannend, der Raum über dem Bach zu sein.« Die Kommunikation mit der Natur verläuft nie in solch abgesteckten Bahnen. Die Bedürfnisse, die mir mein Verstand suggeriert, mögen mit dem, was ich tatsächlich brauche, nicht das geringste zu tun haben. Viel effektiver ist es, abzuwarten und darauf zu achten, was mich anzieht. Wenn ich mich mit einem Objekt identifiziere und merke, daß ich mich dabei nicht ganz wohl fühle, versuche ich es mit einem anderen.

Sobald mir klar ist, was mich in seinen Bann zieht, erhalte ich wertvolle Informationen darüber, was mir eigentlich fehlt. Wenn ich eine starke Affinität zu einem einfachen Zweig empfinde und das Vergnügen der Einfachheit auskoste, indem ich mich mit ihm gleichsetze, gehe ich unter Umständen die Verpflichtung ein, nach der Heimkehr mein Leben zu vereinfachen.

Wenn ich der Stille bedarf, identifiziere ich mich oft mit einem Stein oder Fels. Alle Kräfte zu bündeln und nicht mehr abzuschweifen, beschert mir ein Gefühl von Frieden.

Sobald ich gestreßt bin, verlockt es mich vielleicht, der angrenzende Raum oder eine ganze Landschaft zu sein. Dann kommt meine Ruhe aus der Größe und der Weite ringsum – so als wäre ich ein feiner Dunst.

Sowohl die Empfindungen des Steins wie die

des Raums unterscheiden sich grundlegend von meiner hektischen Gemütsverfassung. Diese kann weder lange genug bei einem Gegenstand verweilen, um den Frieden wahrer Präsenz zu erfahren, noch lange genug loslassen, um ohne jeden Zwang die Kontrollmechanismen allmählich aufzugeben.

Eine der Freuden der Kommunikation besteht darin, daß man nie weiß, was man erleben oder lernen wird. Der anthropologisch orientierte Psychologe Gregory Bateson bemerkt dazu:

> *Wer sich seines wissenschaftlichen Universums bewußter werden will, muß damit rechnen, daß er sich auf unvorhersehbare Weise auch seiner selbst bewußter wird Und ich möchte betonen, daß solche Bewußtseinssteigerungen in ihrem Wesen immer unvorhersehbar sind – das liegt einfach in der Natur der Sache … Niemand kennt das Ende jenes Vorgangs, der damit beginnt, daß sich der Wahrnehmende und das Wahrgenommene – das Subjekt und das Objekt – zu einem einzigen Universum verbinden.*

Sie können sich mit einem einfachen Gegenstand identifizieren, mit einem Stein oder einem Zweig – oder auch mit einem komplexeren Gegenstand, mit dem Teil einer Bucht oder dem Raum über einem Bach. Seien Sie offen für ungeahnte Möglichkeiten. Sie haben die Chance, zu experimentieren und Ihren Horizont zu erweitern. Ich zum Beispiel verwandelte mich in Seattle einmal in die Farbe Grün.

Arboretum im Washington Park, Seattle Mai

Auf dieser kleinen Wiese bin ich von sommerlichem Grün und den Rufen der Rotkehlchen umgeben. Doch inmitten des Friedens schwirrt mir der Kopf: Soll ich in meinen Kombi ein neues Getriebe einbauen lassen? Er ist sehr alt, und die Ausgabe lohnt sich vielleicht nicht. Soll ich ihn verkaufen? Er ist für mich sehr bequem, und ich hänge an ihm.

Ich brauche die Wiese, um das Gefühl loszuwerden, daß das Leben nur aus lästigen Pflichten und unmöglichen Entscheidungen besteht. Ich muß mich schnell und vorbehaltlos mit ihr identifizieren.

Aus allen Richtungen strömt mir die Farbe Grün in die Augen. Dieses ganze Grün wirkt auf meine hungrige Seele wie eine starke Infusion wahren Lebens. Die warme Sonne und eine leichte Brise besänftigen meinen Körper, so daß ich immer mehr, immer intensiver absorbieren kann.

Ich stelle mir vor, daß ich rundum grün bin – meine Haut, mein Fett, meine Muskeln und meine Sehnen. Meine Organe schlagen einen tiefgrünen Ton an. Schließlich sind auch meine Knochen empfänglich: Langsam sickert das Grün in ihr reines Elfenbein, das sich bis zum Mark hellgrün färbt.

Ich brauche diese totale Versunkenheit. Ich muß durchdrungen und ganz überwältigt werden. Ich bin grün. Ich bin jetzt hier. Und dieses Hier ist grün.

Der Wind weht zuerst um mich, dann um den bemoosten, grünen Ahornstamm hinter mir. Eine Fliege landet auf einem gebogenen Grashalm; eine andere reibt auf meiner Schulter ihre Vorderbeine aneinander. Einige Farben schweben durch unser Grün – ein gelber Schmetterling, eine schwarze Krähe, eine rotäugige Fliege.

Da ich nun grün bin, gibt es nichts Dringendes mehr zu tun. Grün ist langsam. Es ist ruhig und friedlich.

Grün liegt schwer auf dem Boden und ist tief verwurzelt. Es hat keine Sehnsüchte. Ich bin lethargisch, ohne mir darüber Gewissensbisse zu machen.

Irgendwann raffe ich mich zu einem Spaziergang auf. »Ich bin grün. Ich bin wie du, ich bin grün«, singe ich beim Gehen. Jedesmal, wenn ich singe, habe ich das Gefühl, daß meine Anspannung weiter nachläßt, daß ich immer tiefer mit dem Park verbunden bin.

»Ich bin grün. Ich bin wie du.« Auch ich gehöre hierher.

Ein Teenager auf dem Fahrrad fährt vorbei. Ein Jogger in mittleren Jahren überholt mich. Grün beeilt sich nie so sehr. Grün geht oder sitzt oder legt sich hin.

Ich schlendere über den Parkplatz. Eine heftige innere Unruhe ergreift mich, treibt mich dazu, den Beton schneller zu überqueren. Ich fühle mich unwohl, wenn so viel Grün zubetoniert ist. Es stimmt mich froh, das Gras am Rande des Parkplatzes zu erreichen. »Ich bin grün. Ich bin wie du.«

Sobald meine Gedanken abschweifen, baut sich heimlich wieder jene Mauer auf, die mich von allem trennt; dann bündle ich erneut meine geistigen Kräfte und richte sie auf die Wörter. Ich konzentriere mich nur auf jeweils eine Pflanze. »Ich bin grün. Ich bin wie du«, sage ich zu Grashalmen. Ja, ich fühle mich genauso gerade und hochgewachsen wie die dünnen Halme.

»Ich bin grün, ich bin wie du«, sage ich zu dem glänzenden neuen Trieb eines Tannenzweigs. Auch ich fühle, wie das Sonnenlicht in die Zellen fließt, während ich in der Luft hänge.

Wenn ich zu den Pflanzen spreche, lächle ich mit der Vitalität, die sich in mir regt. Jedes Grün ist anders. Jedes Grün bindet mich ans Hier und Jetzt, bis ich schließlich zu dem Metallkasten meines Kombi gelange. Diese grüne Person muß leider wieder zur Arbeit fahren.

Die Identifikation mit einem Ding oder einer Qualität – etwa mit der Farbe Grün – bewirkt ein anderes Gefühl von Verwandtschaft, als es bisher thematisiert wurde. Es geht nicht mehr um die einer Freundschaft vergleichbare Verwandtschaft mit einem bestimmten Baum oder gar mit einer besonderen Baumart, sondern um die Wesensverwandtschaft mit dem ganzen Leben. Albert Einstein sagte einmal, unsere Aufgabe bestehe darin, die »optische Illusion« zu zerstören, daß wir von der übrigen Welt getrennt seien:

> *Der Mensch ist Teil eines Ganzen, das wir Universum nennen, und zwar ein zeitlich und räumlich begrenzter Teil. Er erfährt sich selbst, seine Gedanken und Gefühle als etwas Separates – aber das ist eine Art optische Illusion seines Bewußtseins. Diese Illusion ist für uns ein Gefängnis, weil sie uns auf unsere persönlichen Wünsche und auf die Zuneigung zu wenigen Menschen in unserer unmittelbaren Umgebung beschränkt. Es muß also unsere Aufgabe sein, uns aus diesem Gefängnis zu befreien, indem wir den Kreis unseres Mitgefühls so vergrößern,*

daß er alle Lebewesen und die Gesamtheit der Natur umfaßt.

Durch die von mir vorgeschlagene Identifikationsübung können wir den Kreis unseres Einfühlungsvermögens und Mitgefühls nach und nach vergrößern. So erscheinen uns einzelne Teile der Natur zunächst weniger unheimlich und fremd, dann immer vertrauter und schließlich wie Mitglieder ein und derselben Familie.

Diese Übung eignet sich vorzüglich für den »Hausgebrauch«. Wenn ich jenen Stein vom Strand mit nach Hause nehme, kann ich ihn vor mich hinlegen und mich erneut mit ihm identifizieren. Oder ich schließe die Augen, erinnere mich an den Zweig und empfinde abermals das Gefühl, mit ihm eins zu sein. Es verblüfft mich immer wieder, wie viele Wahrnehmungen in meinem Gedächtnis gespeichert sind und wie erfrischt ich mich danach fühle.

Außerdem kann ich mich mit jedem Stein auf der Straße gleichsetzen. Jeder Stein hat eine lange Geschichte und ein Wesen, die eine Begegnung lohnen, egal, wo er gerade liegt. Straßensteine erscheinen vielleicht nicht »wild« genug für eine Kommunikation, aber dieser Eindruck täuscht. Die Steine in meiner Straße wurden vor Tausenden von Jahren von einem riesigen Gletscher hierher geschleift, und auf diese Tatsache besinne ich mich, wenn ich eine tiefe Beziehung zu ihnen herstelle.

Es fällt mir schwer, durch eine Fensterscheibe zu kommunizieren, weil dann Gerüche, Geräusche und Berührungen »ausgesperrt« sind. Aber durch die Identifikation rufe ich jene Eindrücke hervor, die ich nicht direkt empfangen kann. Sobald ich mich in den Tannenzweig vor meinem Wohnzimmerfenster verwandle, spüre ich in der schwingenden Bewegung den Windhauch.

Mich mit einem Teil meiner natürlichen Umgebung zu identifizieren, ist eine weitere gute Übung, die ich in jeder Situation machen kann. Ich bin das Grün auf dem Weg zur Bibliothek, eine Wolke an einem regnerischen Tag in der Stadt, ein Luftzug über einem Parkplatz. Jedesmal steht es mir frei, die aus der Wiedervereinigung mit der Natur resultierende körperliche Ekstase zu empfinden.

Versuchen auch Sie jetzt, sich in einen natürlichen Gegenstand zu verwandeln: in eine Pflanze, einen Stein oder in die Luft, die Sie umgibt. Gehen Sie ganz darin auf und nehmen Sie bewußt wahr, was dann passiert.

Ratschläge für die Identifikation mit einem natürlichen Objekt:

1. Schließen Sie die Augen und stellen Sie sich vor, wie Ihre Umgebung aussieht von der Warte des Gegenstands, mit dem Sie sich identifiziert haben. Wenn Sie ein Stein sind, bemerken Sie vielleicht die Bäume, die weit in die Höhe ragen, und das nahe Gras, das genau Ihrem Maßstab entspricht. Wenn Sie ein Baum sind, sehen Sie vielleicht die winzigen Pflanzen unten am Boden.
2. Achten Sie auf die Geräusche ringsum.
3. Machen Sie sich die äußeren Bedingungen bewußt: Lufttemperatur, Wind, Sonne.
4. Lassen Sie die Gerüche auf sich wirken.
5. Malen Sie sich aus, wie es ist, die Größe, Form und Dichte Ihres Objekts zu haben. Die Schwere, Festigkeit und Ruhe des Steins – wie wirken sie auf Sie? Und als Baum hoch aufzuragen, die Äste auszubrei-

ten und im Wind zu schwanken – welchen Einfluß hat das auf Sie?

6. Öffnen Sie die Augen und gehen Sie vom einen Sinneseindruck zum nächsten. Was sehen Sie noch? Was spüren Sie außerdem? Weht Gras gegen Sie? Läßt sich ein Vogel auf einem Ihrer Zweige nieder?
7. Sie können versuchen, Ihre geistige Ruhe zu bewahren, oder die Wörter im Kopf benutzen, um Ihre momentane Erfahrung zu beschreiben und konzentriert zu bleiben: *Ich fühle mich schwer. Ich höre ein Rotkehlchen trillern.*
8. Bei jedem Atemzug können Sie Ihren »Namen« sagen: *eins, Stein; zwei, Stein; drei, Stein …*
9. Sobald Sie sich einmal mit einem bestimmten Gegenstand identifiziert haben, stehen ihnen unendlich viele Möglichkeiten offen. Sie können sich dessen Leben während des ganzen Tages oder Jahres vergegenwärtigen. Sie können mit seinen Nachbarn sprechen oder ihm eine Frage stellen. Sie können ihn sogar in einer problematischen Angelegenheit um Rat bitten.

In diesem Kapitel führen Sie die Methoden zusammen, die Sie sich in den bisherigen Kapiteln angeeignet haben, wodurch Sie der Quintessenz Ihrer Kommunikationserfahrung näherkommen. Außerdem verfeinern Sie die Methode der Identifikation, indem Sie sich fragen: *Was ist das Wesen dieses Gegenstandes oder Ortes? Welche tiefe Einsicht vermittelt er mir?* Damit bringen Sie Ihre Entdeckung in einigen energiegeladenen Wörtern zum Ausdruck und kreieren ein Mantra, das Sie jahrelang benutzen können.

10
DAS WESEN ERFASSEN

In seinem ersten Buch mit dem Titel *Nature* konfrontiert uns Ralph Waldo Emerson mit einer Herausforderung:

Frühere Generationen schauten Gott und Natur von Angesicht zu Angesicht; wir jedoch sehen nur mit ihren Augen. Warum sollten nicht auch wir uns einer ursprünglichen Beziehung zum Universum erfreuen? Warum sollten wir nicht eine Poesie und Philosophie der Einsicht statt der bloßen Tradition haben – und eine Religion der persönlichen Offenbarung anstelle einer Geschichte der Religion unserer Vorfahren?

Wenn Sie mit der Natur kommunizieren, schauen Sie »Gott und Natur von Angesicht zu Angesicht« und ermöglichen somit eine »persönliche Offenbarung«. Indem Sie die erlernten Methoden anwenden, können Sie entschlossen danach streben, die tiefste Einsicht zu erlangen, die ein bestimmter Ort in der Natur für Sie bereithält. Nachdem Sie sich eingewöhnt, das Bewußtsein geschärft, ein Vorbild gefunden und sich damit identifiziert haben, fragen Sie: *Was berührt mich hier am meisten?* Und: *Worin besteht die wesentliche Botschaft?*

Während Sie versuchen, diese Fragen zu beantworten, nähern Sie sich der Quintessenz Ihrer Erfahrung – stets begierig nach dem Widerhall im Innern, der Ihnen zu verstehen gibt, daß die jeweilige Antwort richtig ist. Dann können Sie diese anhand einiger Schlüsselwörter formulieren und daraus ein Mantra bilden, das Sie leitet und für lange Zeit mit der Natur verbindet.

Natürlich kommen derartige Offenbarungen nicht auf Befehl. Sie sind immer ein Geschenk. Aber die Methoden, die Sie erlernt haben, helfen Ihnen, offen und empfänglich zu sein, nach dem tieferen Sinn zu suchen und die gewonnenen Erkenntnisse in Worte zu fassen, die Sie immer wieder benutzen können. Mit der Zeit mögen diese Erfahrungen und diese Worte Bestandteil Ihrer »Philosophie der Einsicht« und Ihrer »Religion der persönlichen Offenbarung« werden – also Ihr auf eigener Anschauung gegründetes Wissen über das Leben beinhalten.

Beim folgenden Kommunikationserlebnis war mir zunächst nicht klar, daß ich eine Offenbarung ersehnte; ich wollte einfach nur eine innige Beziehung zur Natur haben. Sie werden merken, auf welche Methoden ich zurückgriff. Ich zählte meine Atemzüge, um mich der Umgebung anzupassen, und ich benutzte die Stille, um wirklich präsent zu sein. Ich wählte meine Vorbilder aus und identifizierte mich mit jedem einzelnen, um einen persönlichen Kontakt herzustellen. Ich bediente mich der Sprache, um die Bedeutung des jeweiligen Vorbildes auszuloten, und übersetzte diese Worte in ein Mantra. Die Wiederholung des Mantras bewirkte den krönenden Abschluß der Offenbarung.

Banff National Park, Alberta, Kanada Juli

Es ist halb acht Uhr morgens. Ich sitze vor einem kristallklaren Wasserfall und einem sprudelnden, türkisfarbenen See im Johnston Canyon. Ein feiner Dunst wirbelt nach oben, während winzige Regentropfen nach unten schnellen.

Ich möchte mich mit dem Leben liebevoll verbunden fühlen, aber es gelingt mir nicht. Vielleicht deshalb, weil ich weiß, daß bald Dutzende von anderen Touristen hier einfallen werden. Oder weil mein Herz einfach große Mühe hat, sich der Dynamik und dem Rauschen eines Wasserfalls zu öffnen. Ich kann in Beziehung treten zu einem stillen See, einer Blume, ja auch zu einer steilen Felswand. Ich kann mir vorstellen, mich mit ihnen zu identifizieren. Doch bin ich nie so stark und überschäumend wie ein Wasserfall; folglich erscheint er mir immer ein wenig fremd.

Ich zähle meine Atemzüge bis zwanzig; mein Inneres kommt allmählich zur Ruhe. Ich male mir aus, mit dem Wasserfall vereint zu sein. Wow! Was für ein Adrenalinstoß! Mir ist, als würde ich durch seine ungestüme Kraft entzweigerissen.

Ich atme tief ein und aus, gestatte mir, alles wahrzunehmen, was während meiner »Verwandlung« in den Wasserfall geschieht. Tatsächlich gewöhne ich mich langsam daran, dieser tosende Katarakt zu sein. Ich überlege, in welcher Hinsicht ich ihm ähnele.

In meiner Liebe zur Erde bin ebenso unerschütterlich und klar wie er. Ohne jeden Vorbehalt liebe ich es, Therapeutin und Schriftstellerin zu sein. Wenn ich meine leidenschaftlichen Lieben nacheinander aufzähle, empfinde ich eine noch intensivere Verwandtschaft mit dem Wasserfall. Und auch ich kenne die köstliche, reine Ekstase bestimmter Liebeserlebnisse.

In meiner Brust ist jetzt anstatt des Widerwillens ein Lächeln. Auf mancherlei Weise gleiche ich dir, Wasserfall. Bisweilen besitze ich deine Kraft und Sicherheit.

Eine Kaskade der Freude schießt durch meinen Körper. Welch aufregendes Gefühl: unzweideutige Liebe.

Mir ist, als wären alle inneren Dämme gesprengt worden. Meine Zellen kichern leise.

Nach zwanzig Minuten am Wasserfall setze ich meine Wanderung fort. Der Pfad wird steiler und führt zu einer orangefarbenen und schwarzen, porösen Kalksteinwand, die so hoch ist, daß sie meinen ganzen Blick ausfüllt. An ihrem unteren Ende stürzt ein kristallklarer, grün schimmernder Bach dahin, so als spielte ein Rudel junger Hunde zu Füßen eines dösenden Dinosauriers.

Nachdem ich den Wasserfall durch mich hindurch jagen fühlte, versetzt mich diese Wand in Erstaunen. Sie steigt nicht senkrecht an, sondern bauscht sich sanft wie ein Vorhang im Wind. Drei dünne Flüßchen breiten sich fächerförmig aus zu glänzenden Flächen, die ihre gesamte Außenseite waschen. Obwohl das Wasser über die Wand gleitet, könnte es doch nie als Katarakt oder reißender Strom der Liebe bezeichnet werden.

Dieses Wasser verteilt seine Liebe gleichmäßig über die Wand, über ihr Leben. Jeder

Zentimeter des Kalktuffs tropft, ist lebendig, wird geliebt, gestreichelt, ernährt. Das ist ein anderes Vorbild. Ausbuchtungen im Stein wirken auf den ersten Blick wie Brüste und Bauch, Schulterblätter und gekrümmte Wirbelsäule. Ich kann mir vorstellen, diese Wand zu sein und zu spüren, wie das Wasser jede Stelle meiner Haut liebt – jede Warze und Narbe, jedes Fettpolster und Muskelspiel.

Auf dieser Wand wird mein ganzes Selbst immerfort geliebt, erneuert und umsorgt. Hier findet man die buddhistische Form der Aufmerksamkeit, die jedem Augenblick gilt. Das Bewußtsein dehnt sich aus, um alles Leben zu umfassen – nicht nur die Ziele und die Lieben, sondern auch das Geröll und die Algen.

Mein Körper entspannt sich von dem starken Energieschub, den der große untere Wasserfall in ihm auslöste. Mein Bewußtsein läßt den reißenden Strom in meinem Innern hinter sich und strömt sacht durch Gliedmaßen und Haut. Das ist eine weitere Möglichkeit, Liebe zu empfinden, eine andere Art, dem Leben zu huldigen.

Ich seufze und spüre, wie meine Haut warm wird und kribbelt, während sich die Energie bis an die äußersten Enden meiner selbst ausbreitet. Ich hole tief Luft und hülle mich in die zärtliche Kraft des Wassers. Wie ein Flanellkleid liebkost es Arme und Schultern, kreist es um Bauch und Beine.

Ich schlendere zum Rand der schlüpfrigen Kalksteinwand und sehe den senkrechten schwarzen Felsen neben ihr. Schlagartig sinkt die Stille in mich ein. Der schwarze Fels ist starr, quadratisch und lautlos.

Ich gehe einige Schritte den Pfad hinunter und sage »Hallo« zu dem donnernden Katarakt des oberen Wasserfalls. Er ist hinreißend und wunderbar. Ich liebe diese heftige, zielgerichtete Leidenschaft.

Langsam wende ich mich vom Kalksteinvorhang zum stillen Felsen und dann zum tosenden Wasserfall. Ich will diese vibrierende Haut voller Bewußtheit ebenso in meinem Leben haben wie diese solide, schwarze Formation des Schweigens und des Friedens und diesen Sturzbach kristallklarer Leidenschaft.

Ich betrachte die massive schwarze Wand zwischen dem tosenden oberen Wasserfall und dem glitzernden Kalktuff. *Das Wort »Friede« ist nicht stark genug, um dich zu beschreiben*, sage ich zu ihm. *Du gründest auf felsenfestem Wissen. Ich nenne dich »Wirklichkeit«*.

Mein Blick fällt auf den Bach. Ich sollte ihn in mein Szenarium mit einbeziehen. Er repräsentiert die Kraft des Loslassens. Zu meinen Füßen fließt alle Energie einfach dahin. Ich möchte, daß diese vier kleinen Welten Eckpfeiler meines Lebens sind: die Bewußtheit der glitschigen Kalksteinwand, die unerschütterliche Wirklichkeit des Felsens, die Leidenschaft des Wasserfalls und die Fähigkeit des Baches, die Dinge laufen zu lassen.

Es nähern sich Familien, die klappernd über den metallenen Steg marschieren, auf dem ich sitze. Es regnet, dann hört es wieder auf. Nichts von dem kann mich aus der Ruhe bringen. Schließlich schmerzen Füße und Rücken so sehr, daß ich nicht länger bleiben kann; also verabschiede ich mich von den Steinwänden und Wasserfällen.

Sobald der Pfad in den Wald einmündet, bin ich von den intensiven Düften wilder Rosen und Kiefern umgeben. Bedächtig singe ich mein neues Mantra: *Bewußtheit, Wirklichkeit, Leidenschaft, Loslassen.*

Die Bewußtheit fühlt sich an wie lebendige Haut. Die Wirklichkeit hat etwas von geraden, festen Knochen. Die Leidenschaft ist eine Erregung, die in Kaskaden zwischen meinen Rippen herabstürzt. Das Loslassen gleicht wirbelndem Wasser, das meine Füße zum Kribbeln bringt. Wenn ich singe, wandert meine Aufmerksamkeit von der Haut zu den Knochen, dann zum Brustkorb und schließlich zu den Füßen, um von dort nach außen zu strahlen. Diese Empfindungen sind herrlich.

Weiter unten auf dem Pfad singe ich: *Bewußtheit, Wirklichkeit, Leidenschaft, Loslassen. Bewußtheit, Bewußtheit; Wirklichkeit, Wirklichkeit; Leidenschaft, Leidenschaft; Loslassen, Loslassen.* Ich singe jedes Wort dreimal, dann viermal.

Es ist besonders schön, auf diesem ebenen, bewaldeten Abschnitt des Pfades zu singen, wo meine Gedanken abschweifen oder abstumpfen könnten. Eine Zeitlang singe ich einfach nur *Bewußtheit*, worauf in meiner Brust ein lustiger Ton entsteht. Sowohl die Empfindung für meinen Körper im Raum als auch meine Vorstellung scheinen sich ein wenig zu ändern, und plötzlich fühle ich mich zu Hause.

Ich betrachte die Felswände des Canyons weder als losgelöst von mir noch als Entsprechungen zu meinem Leben. Wir alle sind einfach hier zusammen, am heimatlichen Ort. Ich ergänze mein Mantra um das Wort »Heimat«: *Bewußtheit, Wirklichkeit, Leidenschaft, Loslassen, Heimat.* Ich seufze. Meine Schultern lockern sich. Meine Lungen saugen die Atemluft ein. Jetzt bin ich mir der Heimat bewußt; ich weiß, daß ich zu Hause bin.

Sonnenstrahlen erwärmen nasse Kiefernnadeln. Der Geruch ist so würzig, daß er mich an die heißen Düfte der immergrünen Eiche in Südkalifornien erinnert.

Ich kehre zum unteren Wasserfall zurück. Die Leidenschaft durchpulst ein Leben, das, von geballter Wirklichkeit in Bann gehalten, mit sanfter, glänzender Bewußtheit überzogen ist.

Alle überschüssige Energie strömt in den Raum.
Das ist meine Heimat.

Den eigentlichen Sinn einer Kommunikationserfahrung zu erfassen mag mehr Zeit in Anspruch nehmen, als Sie denken. Auf einem einzigen Pfad bietet Ihnen die Natur zahlreiche Vorbilder zur Auswahl an. Nachdem Sie die Stelle oder die Qualität gefunden haben, auf die Sie sich konzentrieren möchten, brauchen Sie eine Weile, um sich einzugewöhnen, aufmerksam zu werden, die Identifikation herbeizuführen, das Erlebnis in die richtigen Worte zu fassen und diese zu einem Mantra zu verdichten. Das ganze sieht nach Arbeit aus, aber je länger Sie sich damit beschäftigen, desto mehr kommen Sie in Einklang mit der Natur. Durch die Intensität der Bemühung werden die jeweiligen Empfindungen und Einsichten Ihren Nervenbahnen »eingebrannt«, so daß Sie sie im Alltag dann leichter abrufen können.

Dichter kennen das wunderbare Gefühl, wenn sie genau jenes Wort finden, das ihrer inneren Stimme Ausdruck verleiht. Dem Kern einer Kommunikationserfahrung näherzukommen, ähnelt dem schöpferischen Prozeß, ein Gedicht niederzuschreiben. Sie versuchen, Wörter zusammenzufügen, die Ihrem Naturerlebnis entsprechen. Wenn Sie immer wieder andere Kombinationen ausprobieren, werden Sie schließlich auf Wortfolgen stoßen, die in Ihnen widerhallen und gewisse körperliche Reaktionen hervorrufen – einen tiefen Atemzug, ein energiegeladenes Kribbeln, ein Lächeln, Tränen. Indem Sie beim Wiederholen eines Wortes mit Ihren Gefühlen verbunden bleiben, kommt vielleicht ein passenderes Wort zum Vorschein – wie in meinem Fall, als der »Friede« des schwarzen Felsens zur »Wirklichkeit« wurde. Um Ihre Erfahrung zu vertiefen, können Sie ein bestimmtes Mantra eine Stunde lang benutzen – oder auch jahrelang.

Manchmal ist ein Ferienaufenthalt in einem Nationalpark vonnöten, um eine Offenbarung zu ermöglichen, an die Sie sich Ihr ganzen Leben lang erinnern. Manchmal bedarf es der atemberaubenden Schönheit, um die gewöhnlichen Beziehungen zur Welt zu transzendieren, und der Zeit, um die einzelnen Schichten der angespannten Gemütsverfassung abzutragen und für profunde Einsichten hinreichend empfänglich zu sein. Die über lange Phasen aufrechterhaltene Kommunikation in betörend schönen Landschaften kann Ihr tiefstes Selbst berühren und beglücken. Wenn Sie in einem derartigen Augenblick nach der Essenz Ihrer Erfahrung suchen und ein Mantra ersinnen, bringen Sie etwas mit nach Hause, das Ihnen im Alltag Ruhe und Sicherheit gewährt. Wenn Sie dieses Mantra dann Monate oder sogar Jahre später in Ihrem Garten benutzen, gelangen Sie leichter auf die tieferen Ebenen einer spontanen Kommunikation mit der Natur.

Seattle Januar

Im Garten eines Freundes liege ich in der Sonne. Die Luft ist kalt, aber die Sonne spendet Wärme. Aus tiefem Schatten strahlt der Frost.

Den größten Teil des Gartens nimmt ein riesiger Redwoodbaum ein; direkt hier, vor ihm, ist das Gras weich, und seine von der Sonne erwärmten Blätter würzen die Luft.

Ich bewundere die blauen Himmelsscherben,

die zwischen den Zweigen glänzen, und lächle über die Schatten, die auf dem dunkelroten Stamm tanzen. Allerdings führt mich die bloße Betrachtung nicht so tief in mein Inneres, wie ich es gerne möchte, und so beginne ich zu singen: *Bewußtheit, Bewußtheit.* Sofort kribbelt meine Haut, wird die Luft kristallklar; alle Ränder treten deutlich hervor, und die Farben gewinnen an Leuchtkraft. *Wirklichkeit, Wirklichkeit*, fahre ich fort. Mein Körper ruht schwer auf dem Gras, während die unsichtbare Welt der Moleküle und physikalischen Gesetze von meinem Denken Besitz ergreift. *Leidenschaft, Leidenschaft*, flüstere ich zu dem dicken Stamm und der funkelnden Luft. Ein heftiges Gefühl von Liebe durchpulst meine Zellen und sensibilisiert meine Haut. *Offenes Herz, offenes Herz*, singe ich, derweil ich mir vorstelle, wie meine Brust sich auftut und meine Haut transparent wird, damit ich diese Welt furchtlos in mich aufnehmen kann. Jetzt kribbelt es in meinem ganzen Körper; ich fühle die tiefe Entspannung, die daher rührt, daß ich meine Abwehrmechanismen aufgebe und meine Grenzen überwinde. Ich bin äußerst empfänglich für die lebendige Erde. *Loslassen, loslassen*, sage ich zu mir. Einige innere Zwänge verschwinden, mein Magen beruhigt sich, und ich bin fähig, die Natur in ihrem Sosein zu akzeptieren. *Heimat, Heimat*, singe ich zum Abschluß. In diesem Augenblick stellt sich die endgültige Entspannung ein – das angenehme Gefühl, in die hiesige Welt eingebettet zu sein, mühelos gehalten und umsorgt zu werden. Nun bin ich sowohl tief entspannt als auch völlig wach, eins mit meiner Umgebung und eindeutig ich selbst. Nun bin ich zu Hause.

Obwohl ich das Mantra sechs Jahre vor dieser Erfahrung im Garten meines Freundes kreiert und damit eine Offenbarung erlebt hatte, half es mir doch weiterhin, zu mir selbst zu kommen und mit der Natur in enge Verbindung zu treten. Im Laufe der Jahre habe ich es an vielen Orten benutzt und die Wörter »offenes Herz« hinzugefügt. Dieses Mantra ist gleichsam zu einem guten alten Freund geworden.

Sie brauchen nicht immer längere Aufenthalte in der Wildnis, um der eigentlichen Bedeutung einer

Naturerfahrung näher zu kommen oder ein Mantra zu komponieren. Im Grunde können Sie die Kommunikation überall vertiefen, indem Sie sich eine einfache Frage stellen, die mit den Worten beginnt: *Was ist das Wesentliche an…? Worin besteht der eigentliche Sinn dieses Ortes? Was für eine Wahrheit bringt mein momentanes Gefühl zum Ausdruck? Welche wichtige Botschaft vermittelt mir dieses Bedürfnis?*

Sie müssen weder Dichter noch Meister der Meditation sein, um Ihre Offenbarung in Silben zu übersetzen, die diesen Kern erfassen. Sie sind der Experte für jene Begriffe, die Ihr Herz berühren. Experimentieren Sie!

Ratschläge für die Annäherung an das Wesen eines Naturobjekts:

1. Identifizieren Sie sich mit einem Ort oder Ding in der Natur und stellen Sie sich jede – oder auch nur eine – der nachfolgenden Fragen, nachdem Sie mit einer bestimmten Umgebung vertraut geworden sind:
   a. *Wie würde ich das Wesen dieses Ortes oder Dinges mit einem Wort oder kurzen Satz beschreiben?*

b. *Wie fühle ich mich an diesem Ort beziehungsweise als dieses Ding? Läßt sich mein Gefühl in einige prägnante Worte fassen?*
c. *Welche Lektion hält dieser Ort, dieses Ding für mich bereit? Gibt es ein oder zwei Wörter, die ihr entsprechen, so daß ich sie wiederholen und mit nach Hause nehmen kann?*
d. *Worauf würde ich mich hier gerne konzentrieren? Welche Absicht hege ich? Welche Wörter kann ich wiederholen, um mein Ziel im Auge zu behalten?*
e. *Gibt es ein oder mehrere Geräusche, die das Wesen dieses Ortes und den Inhalt meines Gefühls ausdrücken?* Manchmal eignen sich Geräusche ebenso gut für die Kommunikation wie sinngeladene Wörter.

2. Nachdem Sie sich die Fragen Ihrer Wahl gestellt haben, experimentieren Sie mit einzelnen Wörtern. Sobald Ihnen Ihr Körper jenes Gefühl von »Richtigkeit« vermittelt, wissen Sie, daß Sie das passende Wort gefunden haben.
3. Wiederholen Sie Ihr Mantra, um aufmerksam zu bleiben und die Erfahrung weiter zu vertiefen.

Die Kommunikation kann Ihnen helfen, »heimzukehren« in die Natur und ins eigene Innere. Wenn es Ihnen schwerfällt, ins Grüne zu gehen, sollten Sie die Zusammenfassung der kurzen Ratschläge in diesem Kapitel mitnehmen. Sie werden Ihnen die Heimkehr erleichtern.

11
HEIMKEHREN

Vor einigen Jahren beschloß meine Freundin Joan, zu einer einsamen heißen Quelle zu fahren und dort ihren vierzigsten Geburtstag zu feiern. Es handelte sich um eine Art innere Bestandsaufnahme, einen Anlaß, auf die erste Lebenshälfte zurückzublicken und über die zweite Lebenshälfte nachzudenken, eine Gelegenheit, mit sich selbst und mit der Erde wieder in Verbindung zu treten. Sie war ziemlich nervös. Sie hatte noch nicht viel Zeit allein in der freien Natur verbracht, und so befürchtete sie, dort draußen zu sein und nicht zu wissen, was sie mit sich anfangen sollte. Sie schreckte zurück vor dem Gefühl des Unwohlseins, der Heimatlosigkeit.

Da sie in ihrem Rucksack kein ganzes Übungsbuch mit sich herumtragen wollte, schrieb ich ihr eine kurze Liste mit Ratschlägen. Diese studierte sie gleich morgens nach dem Aufwachen und dann nochmals abends vor dem Einschlafen. Und sie kam immer wieder darauf zurück, wenn sie Bestätigung oder Anleitung brauchte. Die Liste wurde ihre ständige Begleiterin und ihr Prüfstein.

Wenn Ihnen das Alleinsein in der Natur ungewohnt oder seltsam erscheint, wenn Sie schon lange nicht mehr in der Natur waren und nicht wissen, ob Sie sich überhaupt noch daran erinnern, was Sie dort tun wollen, dann sollten auch Sie die folgende Liste mitnehmen. Ob Sie nun ans Ende des Häuserblocks gehen oder auf einen Berg steigen: Gestalten Sie Ihre Rückkehr in die Natur so einfach und angenehm wie möglich.

Die 8 wichtigsten Kommunikationsschritte lauten:

1. *Beschließen Sie* zu kommunizieren.
2. Befreien Sie sich von Ihrer angespannten Gemütsverfassung.
3. Gleiten Sie in Ihre kommunikative Gemütsverfassung hinein.
4. Konzentrieren Sie sich auf Ihre Absichten und Ziele.
5. Werden Sie mit Ihrer Umgebung vertraut und entspannen Sie sich.
6. Benutzen Sie die Stille, um Ihren Geist zu klären und Ihr Bewußtsein zu schärfen.
7. Geben Sie sich eine bestimmte Richtung vor, indem Sie mit einer Übung oder Zielsetzung beginnen – oder finden Sie zunächst zu geistiger Offenheit, zu einer Einstellung, die Sie empfänglich macht für alles, was ringsum geschieht.
8. Bewahren Sie von Ihren eindrücklichsten Naturerfahrungen etwas auf, das Ihren Alltag bereichert – ein Mantra, ein inneres Bild oder einen kurzen Text.

Die Natur kann sein:

– *eine fremde, faszinierende Kultur*
Erwarten Sie nicht, sich dort gleich wohl zu fühlen. Seien Sie sich darüber im klaren, daß Sie viel zu lernen haben und daß Sie vielleicht ungeschickt sind, das eine oder andere falsch machen. Sie werden Angst haben.

Nehmen Sie auf all Ihre Wege die wesentlichen Dinge mit, die Leib und Seele guttun. Diese Kultur kann Sie nicht mit dem versorgen, was Ihnen im Alltag selbstverständlich erscheint. Meine Grundausrüstung besteht aus Regenjacke und Schirm oder Sonnenhut und Sonnencreme, Insektenschutzmittel, Wasser und Proviant, Papiertaschentüchern und einer großen Plastiktüte für den Fall, daß ich an einer feuchten oder schmutzigen Stelle sitze.

Seien Sie wißbegierig in bezug auf alles, was Sie sehen: Warum ist dieses Ökosystem so aufgebaut? Weshalb hat der Käfer diese Farbe?

– *das Zuhause für Ihren Körper*
Dies ist der Ort, wo Sie abseits der gesellschaftli-

chen Erwartungen und Zeitpläne Ihre wahren Körperrhythmen finden können. Wollen Sie sechsmal am Tag ein Nickerchen halten? Siebenmal am Tag essen? Sich dehnen, spazierengehen oder in die Luft springen? Wann brauchen Sie Anreize von außen, und wann müssen Sie ein Kissen über den Kopf legen und alle Antennen einziehen?

– *ein Vorbild*
Meditieren Sie über einen Stein. Sind Sie fähig, genauso schweigsam und still zu sein? Meditieren Sie über eine Wolke oder über wehendes Gras. Können Sie ebenso flexibel und leicht sein? Welche persönlichen Eigenschaften möchten Sie gerne weiterentwickeln? Finden Sie einen natürlichen Gegenstand, der diese Eigenschaft hat, und identifizieren Sie sich mit ihm.

– *eine Spielgefährtin*
Niemand beobachtet Sie. Seien Sie ausgelassen. Kriechen und tanzen Sie, erzählen Sie den Bäumen Witze, seien Sie ein Baum und schwanken

Sie im Wind, wenn er es tut. Legen Sie sich ins Gras und spüren Sie, wie es Sie durchs T-Shirt pikt. Lassen Sie eine Fliege auf Ihren Arm krabbeln und nehmen Sie wahr, wie sie Sie dabei kitzelt. Gehen Sie barfuß. Bauen Sie etwas aus Steinen und Schlamm. Schleudern Sie Wasser in die Luft und beobachten Sie, wie es funkelt.

– *ein Ort, wo Sie neue Freunde gewinnen*
Nähern Sie sich einem Gegenstand und verbringen Sie einige Zeit mit ihm. Entdecken Sie etwas, das Sie in seinen Bann zieht, und stellen Sie eine intensive Beziehung her. Dann fühlen Sie sich von Freunden umgeben.

– *ein Ort, wo Sie zu sich selbst finden*
Hier brauchen Sie nicht den Erwartungen von anderen gerecht zu werden. Sie können einfach Sie selbst sein, genau wahrnehmen, wer Sie eigentlich sind, während Sie sich vom einen Moment zum nächsten verändern.

Sie können sich auf Ihre eigenen Ziele besinnen. Was erhoffen Sie sich von Ihrem Aufenthalt in der freien Natur? Erstellen Sie eine Liste mit

Ihren Wünschen und Absichten und gehen Sie diese jeden Tag durch.

– *eine Lehrmeisterin*
Fragen Sie jede Landschaft, jedes Ereignis, jedes Tier, jede Pflanze und jedes Ding, was sie Ihnen beizubringen haben. Besänftigen Sie Ihren Geist und achten Sie darauf, was Sie lernen, indem Sie einfach nur empfänglich sind. Halten Sie Zwiesprache mit Ihrem Gegenüber – fragen, antworten, widersprechen, lachen Sie.

– *ein Ort, an dem Sie Ihren geistigen Horizont erweitern*
Sie können Ihre üblichen Denkweisen durchbrechen und neue Perspektiven erschließen. Sprechen Sie mit etwas sehr Altem oder sehr Jungem, sehr Großem oder sehr Kleinem. Seien Sie etwas Besonderes – etwa ein ganzer Canyon oder ein Haufen herabgefallener Blätter. Fordern Sie Ihre Einbildungskraft heraus.

– *ein Ort, an dem Sie die großen Fragen stellen*
Da Sie nun weit weg sind von den aufreibenden

Problemen des Alltags, können Sie über den Sinn des Lebens und des Todes, der Liebe und des Leids nachdenken. Fragen Sie sich, welches Ziel Ihrem Leben zugrunde liegt und inwieweit Sie sich in den größeren Rahmen der Dinge einfügen.

– *ein Ort, an dem Sie sich heimisch fühlen*
Hier können Sie loslassen. Setzen Sie sich an eine Stelle, wo Sie nur von Schönheit und natürlichen Geräuschen umgeben sind. Bemerken Sie, wie erholsam es ist, die inneren Mauern einzureißen, die Sie unbewußt errichten, um das Häßliche und Laute der Zivilisation fernzuhalten. Üben Sie, sich tief zu entspannen. Nehmen Sie alles wahr, was Ihnen guttut. Speichern Sie in Ihren Zellen das Gefühl, zu Hause zu sein; diese Erinnerung kann als magnetischer Nordpol fungieren und die Nadel Ihres inneren Kompasses immer dann in die richtige Richtung lenken, wenn Sie zu weit vom Weg abkommen.

Sie können die Übungen in diesem Buch für Ihre eigene Wahrheitssuche benutzen. In *Profiles in*

Wisdom (Aspekte der Weisheit) sagt der indianische Stammesälteste Medicine Story, daß wir alle nach unserem Heimatgefühl und unserem Lebenssinn suchen müssen:

Die Ursprünglichen Lehren fordern uns auf, unseren Platz im Kosmos zu finden, unsere wahre Natur und unser Ziel im Leben zu erkennen. Es muß eine Antwort geben – keine intellektuelle Antwort, sondern ein tiefempfundenes Verständnis vom Wesen dieser Existenz, von seinem Zweck und der Rolle, die wir dabei spielen. Hier liegt der Grund für alle Arten der geistigen Suche, für die Religionen, die Rituale, die Forschungen, die Pilgerreisen, die Meditationen und mystischen Übungen der Menschen. Etwas in unserem Bewußtsein gibt sich einfach nicht damit zufrieden, nur zu essen, zu schlafen, zu schaffen und sich fortzupflanzen. Etwas in uns will wissen, worum es eigentlich geht und wie wir uns ins Ganze einfügen.

In jeder Phase unseres Lebenszyklus sind wir auf der Suche. Im Laufe unserer Entwicklung gibt es immer etwas Neues zu lernen, sind gewisse Aufgaben zu meistern. Und der Erfolg unserer Suche könnte entscheidend von der Kommunikation mit der Natur abhängen.

In der Kindheit offeriert uns die Natur eine unendliche Fülle an kleinen Freunden und Wundern. Unser Nervensystem und Gehirn entfalten sich dank der komplexen organischen Reize, die uns die Natur vermittelt. In der Jugend konfrontiert sie uns mit Herausforderungen, die wir brauchen, um uns selbst zu beweisen und unsere Fähigkeiten auszubilden. Sie bietet uns einen angenehmen Ort abseits der Forderungen und Zwänge unserer Altersgenossen, wo unsere Ideen über ästhetische Fragen und persönliche Werte gedeihen und reifen können. Im frühen Erwachsenenleben gewährt uns die Natur Erholung vom Streß des hektischen Alltags. Sobald wir mit unseren nackten Füßen den Erdboden berühren, besinnen wir uns auf den stillen Kern im Innern und stellen die großen Fragen über unseren Platz in diesem atemberaubenden Universum. Später dann können wir uns der Natur zuwenden, um Ruhe, Trost und Inspiration zu erhalten. Wir haben die Möglichkeit, mit Pflanzen und bevorzugten Stellen eine tiefe, bereichernde, auf Vertrauen gründende Freundschaft aufzubauen und die Natur in die spirituellen, mentalen, emotionalen und physischen Aspekte unserer Existenz mit einzubeziehen.

Während des ganzen Jahres bringt uns die Natur Lektionen bei über Wechselwirkung und gegenseitige Abhängigkeit. Sie ist eine Heimat, zu der jeder beiträgt – aber der sich die meisten Menschen heute leider entfremdet haben.

Der Historiker Thomas Berry gibt ein Gefühl wieder, das viele von uns in bezug auf das eigene Leben haben, wenn er schreibt:

> *Nach einer langen Abwesenheit kehren wir an unseren Heimatort zurück und begegnen abermals unseren Verwandten in der Erdgemeinschaft. Allzulange sind wir fort gewesen, hingerissen von unserer industriellen Welt aus Drähten und Rädern …*
>
> *Die kürzlich mit gesteigerter Sensibilität wiederentdeckte Wildnis bietet eine Erfahrung, die nicht weit entfernt ist von jener in der »Göttlichen Komödie«, wo Dante am Ende des Purga-*

toriums Beatrice trifft, die inmitten einer Wolke aus Blüten herabsteigt. Es war eine lange Zeit des Wartens für Dante, der im vollen Bewußtsein seiner Treulosigkeit doch erneut beeindruckt und zuinnerst ergriffen ist – wie damals, als er, kaum der Kindheit entwachsen, Beatrice zum erstenmal gesehen hatte. In der Tiefe seines Wesens wurde die »alte Flamme« wieder entzündet. Mit dieser Begegnung beschreibt Dante nicht nur eine persönliche Erfahrung, sondern die Erfahrung der gesamten menschlichen Gemeinschaft im Augenblick der Versöhnung mit dem Göttlichen nach einer langen Phase der Entfremdung, während der sich der Mensch immer weiter vom wahren Zentrum entfernte.

Etwas von diesem Gefühl der Vertrautheit empfinden wir heute, da wir unser Eingebundensein in die Erdgemeinschaft wiederentdecken.

Die meisten von uns kommen nach langer Abwesenheit heim. Wir waren zu lange fort, und jetzt kehren wir zurück in unser Zuhause – zur Lebendigkeit und nährenden Kraft der Natur, zu unserem wahren Selbst. Die äußere wie die innere Heimkehr ist wichtig für unser Wohlergehen, und beide gelingen uns, indem wir mit der Natur kommunizieren.

Dieses Zwiegespräch, dieses Einswerden mit der Natur läßt uns intensiv fühlen, in welchem Maße wir mit der großen Familie der Pflanzen und Tiere verbunden sind – daß wir von unserer natürlichen Umgebung umhegt werden und ebenso gewiß in sie eingebettet sind wie der Embryo in den Mutterleib. Die Kommunikation öffnet das Tor zu jenem stillen Ort im Innern und trägt dazu bei, daß wir uns dort heimisch fühlen.

Unser äußeres und unser inneres Zuhause sind auf faszinierende Weise miteinander verknüpft. Wir können beide gleichzeitig erreichen, indem wir eines anvisieren. Wenn wir uns den natürlichen Vorbildern und Rhythmen widmen, stellen wir fest, daß wir uns zentriert fühlen. Wenn wir uns auf unser stilles Wesen besinnen, merken wir, daß wir mit dem Universum eins sind.

Wann immer ich heimkehre in die Natur, empfinde ich einen tiefen Dank gegenüber den Menschen früherer Generationen, die die Umwelt insgesamt und so manche schöne Stelle in der Wildnis schützten. Sobald ich in einem Park kommuniziere, schätze ich besonders Rachel Carson und jeden Menschen, der sich weiterhin bemüht, unsere Gesellschaft zu einem ebenso gesunden wie verantwortungsbewußten Umgang mit der Natur aufzufordern. Dank Rachel Carson bin ich nicht mit einem stummen Frühling konfrontiert, gibt mir das Zwitschern der Vögel und das Gezirpe der Insekten zu verstehen, daß meine Familie überall um mich ist.

Wenn ich in der Wildnis kommuniziere, würdige ich vor allem John Muir und jeden Menschen, der nach wie vor mithilft, unbebautes Land zu erhalten. Dank ihnen verfügen meine Geschwister und ich über wunderbare Orte, die wir als Heimat bezeichnen können.

John Muir wußte um die enge Beziehung zwischen äußerer und innerer Heimat. Er schrieb: »Ich wollte nur einen Spaziergang machen und beschloß am Ende, bis zum Sonnenuntergang im Freien zu bleiben; denn mir wurde klar, daß ich, wenn ich nach draußen gehe, im Grunde in mich gehe.«

EPILOG

Zehn Jahre nach meiner ersten, dreiwöchigen Reise in die kanadischen Rocky Mountains kehrte ich für drei Monate dorthin zurück. Ich wollte genügend Zeit haben, mich dieser wunderbaren Bergwelt hinzugeben und ihre Schönheit in vollen Zügen auszukosten. Aber der Aufenthalt gestaltete sich nicht ganz so, wie ich es mir erhofft hatte.

Jener Sommer brach den Rekord der bisher größten saisonalen Niederschlagsmenge und fast den der niedrigsten Temperaturen. Dazu kam, daß ich mir den Rücken verrenkte, wodurch meine Aktivitäten erheblich eingeschränkt und oft von Schmerzen begleitet waren. Glücklicherweise hatte ich in den zurückliegenden zehn Jahren meine Fähigkeit, mit der Natur zu kommunizieren, immer mehr verfeinert. Ich brauchte keine optimalen Bedingungen, um in Verzückung zu geraten. Ich ging also die kürzeren Wege und ruhte in meinem Liegestuhl; ich kaufte einen Regenmantel und eine Thermosflasche; ich kommunizierte in den kurzen Pausen zwischen den heftigen Regenfällen; ich fand das Glück in Ritzen und Spalten.

Einer meiner bevorzugten Orte war der Mount Edith Cavell, ein Berg mit einer nahezu senkrechten Steilwand. An seinem Fuße liegt der kleine blaue Cavell-Gletscher, der sich im Laufe der Jahre zurückgezogen und ein Tal mit Felsen und einem milchigen Teich hinterlassen hat. Auf dem Mount Edith Cavell ruht ein weiterer Gletscher, der Angel (»Engel«)-Gletscher, der regelmäßig große Eisbrocken donnernd ins Tal stürzen läßt.

Die zahlreichen Ausflüge zum Berg ermöglichten mir, die Liebe zu erfahren, die aus der Vertrautheit erwächst. Als die drei Monate um waren, besuchte ich ihn ein letztes Mal.

Jasper National Park, Alberta, Kanada August

Ich bin allein auf einer Ebene mit goldenen Findlingen. Ich bin allein in der riesigen Schale voll Luft, die der Mount Edith Cavell samt seiner Familie aus Gebirgskämmen und Gletschern die ganze Nacht über ausatmet. Im Gehen singe ich: »Ich atme deinen Geist in meinen, ahe, ahe, ahe,

ahe; ich atme meinen Geist in deinen, aho, aho, aho, aho.« Ich singe: »Meine Zellen saugen die süßeste Luft ein, ahe, ahe, ahe, ahe.« Diese Gesänge helfen mir, während des Spaziergangs konzentriert zu bleiben, doch sobald ich innehalte, ersehne ich die Stille. Meine offene Brust und meine empfänglichen Zellen nehmen die lautlose Erhabenheit des Ortes in sich auf.

Ich stelle meinen Liegestuhl beim Schmelzwasserteich am Fuße des Berges auf. Morgen reise ich ab. Ich weiß nicht, wie ich hier zum letzten Mal kommunizieren, wie ich mich von dieser Umgebung verabschieden soll.

Die Moräne zu meiner Linken ist so hoch wie ein Hügel. Ich lasse den Blick über ihren felsigen Abhang zu einem großen, graugefleckten Findling neben mir wandern und verweile dort fünf Atemzüge lang. Wir beide, der Findling und ich, ruhen über dem herrlichen, grünen, vom Gletscher gespeisten Teich. Ich wende mich einem orangefarbenen, oben abgeflachten Findling zu. Angesichts seiner Schönheit steigen mir während der nächsten fünf Atemzüge die Tränen in die Augen. *Ich liebe dich, Findling.*

Jetzt betrachte ich eine winzige Tanne. Tränen rollen mir übers Gesicht. *Ich liebe und achte dich, wunderbare, mutige Tanne.*

Von ihr schweift mein Blick zu einem Grasbüschel. *Ich kann das sanfte Schwanken deiner so graziös nach vorn gebeugten Halmspitzen fühlen. Meine Brust wird weicher, indes ich mit dir fünf Atemzüge zähle.*

Jede zarte Wiederkehr der fünf Atemzüge berührt mein Herz und erinnert mich daran, wie sehr ich diese Wesen im Laufe der letzten Monate geliebt habe. Bei früheren Besuchen habe ich über jedes einzelne meditiert und ein Gefühl von Verwandtschaft empfunden.

Ich schaue über das Wasser zu einer Eisscholle. *Ich habe beobachtet, wie du getropft hast und geschmolzen bist; ich habe dich in den Farben Türkis, Lila und Pfirsich leuchten sehen. Wenn ich aufbreche, bist du schon fast verschwunden.*

Ich hefte meine Augen auf die Mitte des Teichs und treibe fünf Atemzüge lang in der Widerspiegelung des Cavell-Gletschers. Ich fühle, wie die grünen, goldenen und blauen Kräuselungen durch mich ziehen. Ich stelle mir vor, auf der flachen blauen Oberfläche des Gletschers dahinzugleiten, mit der Hand über seine Falten und Spalten zu streichen. Seine Schönheit raubt mir den Atem.

Ich fixiere die Felswand hinter dem Gletscher, um jeweils fünf Atemzüge mit dem Wasserfall, dem Angel-Gletscher und den schwarzen Steilwänden zu verbringen, die sich ins Innere des Berges bohren. Mein Körper entsinnt sich der langen Momente, da ich in ihren Anblick versunken war. Ich habe weder visuelle noch verbale Erinnerungen, aber meine Haut, meine Muskeln und meine Brust reagieren auf jedes dieser natürlichen Monumente. Jedes berührt mich anders. Jedes erscheint mir vertraut, während es meine Zellen anregt und Gefühle auslöst, die gleichsam seine Signaturen in meinem Körper sind. Dieses leichte Kribbeln in meiner Brust ist der Wasserfall. Dieses Lächeln und schnelle Einatmen ist der Angel-Gletscher. Dieses tiefe Seufzen, gepaart mit dem vor Erstaunen geöffneten Mund und dem Schweigen, ist der mächtige Berg.

Mein Blick kehrt an seinen Ausgangspunkt zurück, und ich sage: »Ich liebe euch« zu den

Felswänden, dem Angel-Gletscher, dem Wasserfall, dem Cavell-Gletscher, dem Teich, der Eisscholle, dem Gras, dem Baum, dem abgeflachten Findling und dem graugefleckten Stein. Dann schließe ich die Augen, um zu kommunizieren.

Nach den nächsten fünf Atemzügen bin ich völlig präsent. Ich hatte vergessen, wie sehr einen das Schauen ablenken kann. Ich bin nicht mehr zerstreut, indem ich diesen oder jenen Punkt ausmache. Jetzt bin ich Teil der *ganzen* Landschaft. Die kalte Luft, die gegen meine linke Wange drückt und meine Lungen füllt, ist zugleich die Luft, die diesen Raum ausfüllt. Die Geräusche der aufeinanderprallenden Steine und des rauschenden Wasserfalls durchdringen ihn ebenfalls. Und auch ich gehöre ihm an, umgeben von denselben Luftströmen und Geräuschen, so still wie der Fels.

Nach fünfzig Atemzügen öffne ich die Augen, um den Cavell-Gletscher zu betrachten. Es gibt kein Wort, um zu beschreiben, was er für mich bedeutet. Ein *Freund*? Nein, das ist zu menschlich. *Etwas, das ich liebe*? Schon eher, aber damit wird nicht die besondere Sanftheit und heftige

Leidenschaft ausgedrückt, die ich ihm gegenüber empfinde. Ich habe über ihn meditiert. Ich habe mit ihm geschwiegen. Wir haben zusammen den Teich, den Wasserfall, die Eisschollen und den Berg beobachtet. Er war immer da. Er war immer betörend schön.

Wir sind einander gegenüber. Ich sitze auf dieser Seite des Teichs unterhalb des Berges; er ruht auf jener Seite. Im Grunde ist er überhaupt nicht so wie ich. Er lebt hier; ich bin nur zu Besuch. Dennoch fühle ich mich ihm tief verbunden. Wann immer ich ihn betrachte, lächle ich. Ich kann nicht anders. Ich liebe ihn leidenschaftlich und zärtlich und aus ganzem Herzen.

Fünfzig Atemzüge lang meditiere ich und starre dabei auf den Cavell-Gletscher. Das ist keine weltabgewandte, friedliche Meditation. Tränen rollen über meine Wangen, und mein Herz schlägt heftig. Ich sauge Luft in meine Brust, die zu platzen scheint. Ich denke und sage nichts. Wogen der Freude und des Schmerzes brechen aus meinem Herzen hervor und schwappen durch meinen Körper, derweil ich einfach still bin angesichts dieser Totalität, die ich lieben gelernt habe.

Beim fünfzigsten Atemzug schließe ich die Augen, froh darüber, daß ich mir beigebracht habe, mit offenem Mund angemessen zu meditieren, denn meine Nase ist verstopft. Ich sinke zurück in die Welt der donnernden Geräusche und der liebkosenden Luft. Meine Tränen schwinden, und meine Brust schmerzt nicht mehr. Erneut verschmelze ich mit allem, was mich umgibt. Ich bin nur ein weiterer Fels, ein zusätzliches Mitglied der Familie.

Nach fünfzig Atemzügen öffne ich die Augen. Ich kann nicht länger schweigen. Ich möchte dem Cavell-Gletscher mitteilen, was er mir bedeutet. Ich will mich von ihm verabschieden. Aber obwohl ich Lust habe zu sprechen, fehlen mir jetzt die Worte.

Du bist mein ein und alles, sage ich zu ihm. *Ich liebe dich, aber damit berühre ich nur die Oberfläche. Leider haben wir Menschen kein größeres Wort als »Liebe«.*

Wenn ich doch nur ein Wörterbuch mit all den Ausdrücken für »Liebe« verfassen könnte.

Ich sehne mich nach einem Wort für die Liebe, die ich gegenüber dem herrlichen, türkisfarbenen Gletscher empfinde, mit welchem ich mehrmals kommuniziert habe. Diese Liebe umfaßt sein enormes Alter, seine Größe, seine Schönheit, seine Stille und seinen Instinkt dafür, den Teich zu beherrschen und Eisschollen hervorzubringen. Sie beinhaltet das innige Gefühl, in der Heimat eines geliebten Wesens zu sein und an seinem Leben teilhaben zu dürfen. Sie kennt jene namenlose Stille, die wir zusammen erlebten, jene Vertrautheit, die uns das Schweigen leichtmacht, während andere Besucher trampeln und reden und Steine auf seine kleinen Eisberge werfen. Sie bezeugt die Einsicht, daß dieser Gletscher komplexer ist, als ich es jemals begreifen werde. Sie weiß um die Zärtlichkeit angesichts seiner Fragilität in der warmen Sonne. Ich habe Steine ins Wasser stürzen sehen, als sein Eis schmolz.

So leidenschaftlich ich diesen Gletscher liebe, wie viele Tränen ich auch vergieße – es ist nie genug. Seine Schönheit hat noch viel mehr Hingabe und Rührung verdient. Licht fließt über den schneegestreiften Abhang dahinter und läßt die Schneewehen wie einen kristallinen Schal erscheinen, der plötzlich erstarrte, als er im sanften Wind jenseits eines großartigen Wesen wehte. Der Cavell-Gletscher ist phantastisch.

Du bist so wunderbar, sage ich zu ihm. Was kann ich sonst noch tun?

Eine Brise kommt auf und zerteilt die Spiegelungen auf dem Wasser in goldene und türkisfarbene Glitzer. Ich lächle und schüttle den Kopf. Dafür gibt es keine Worte.

Es kann nie genug Liebe in dich einströmen, fahre ich fort. *Jeden Augenblick tust du etwas Wunderbares. Das mag ich ganz besonders. Ich liebe es, von dir überwältigt, in Erstaunen versetzt und immerfort beglückt zu werden. Allerdings bin ich ein wenig verlegen, weil du mich derart ergreifst.*

Ich frage mich, wie es wohl wäre, einem Stamm anzugehören, der es als völlig selbstverständlich erachtete, die Natur leidenschaftlich zu lieben, ja der seine eigentliche Aufgabe genau darin sähe? Und was wäre, wenn mich dann die anderen Familienmitglieder jeden Abend beim

Essen fragten: »Was hast du heute geliebt? Was hast du berührt? Was hat dich berührt?«

Meine Stammesgenossen und ich würden gemeinsam nach draußen gehen und bestimmte Orte verehren. Von Kindheit an würde mir beigebracht, nicht nur zu beten oder zu meditieren, sondern auch zu lieben. Meine Lehrer würden sagen: »Liebe, wenn du dich zur Bushaltestelle begibst. Liebe, wenn du das Gras in den Ritzen des Bürgersteigs siehst. Liebe, wenn du aufschaust zu den Wolken oder nach unten blickst auf den Schmutz. Laß keine Eisscholle dahinschmelzen, ohne dich zuallererst einmal geliebt zu fühlen.«

Tatsächlich wünsche ich mir das als meine rechtmäßige Beschäftigung und Aufgabe. Sie sollte den Maßstab bilden, nach dem man mich beurteilt, wenn ich einmal tot bin. Der Stammesälteste und der Engel am Tor zum Himmel fragten mich dann: »Hast du die Natur intensiv genug geliebt?«

Selbst wenn ich allein wäre, die Letzte meines Stammes, würde ich gerne sagen können: »Ich komme aus einer jahrtausendealten Tradition, die in Geschichten und Ritualen und geistigen Übungen übermittelt wurde. Es ist sowohl die Aufgabe meines Stammes wie auch die meine, die Natur zu lieben. Ich weiß, daß meine Liebe wertvoll ist. Die Liebe durchströmt und festigt die kosmischen Superstrings, die mich mit diesem Berg, diesem Gletscher und diesem winzigen Baum verbinden. Unsere Beziehung beruht nicht nur auf der Atemluft, die wir miteinander tauschen, sondern vor allem auch auf Liebe.«

Ich denke an die einheimischen Völker Südamerikas, Tibets, Mexikos und der Vereinigten Staaten, die sich dazu berufen fühlen, die Sonne anzubeten oder durch Gesang ihren Aufgang zu erbitten, die durch ein hohes Maß an Achtung und entsprechende Rituale die Energie der Erde im Gleichgewicht halten. Sie mögen in ihrem Leben viele andere Dinge tun, aber das primäre Ziel besteht darin, eine intakte Beziehung zur Erde zu haben und die Verpflichtungen ihr gegenüber zu erfüllen.

Ich möchte einem Stamm angehören, der sagt: »Jeden Tag sollst du die Erde lieben. Jeden

Tag sollst du sie streicheln, bewundern und ihr sagen, wie schön sie ist. Geh in die Natur und such dort Inspiration, Frieden oder Antworten auf deine Fragen, aber geh hauptsächlich zu ihr, um sie zu lieben. Liebe sie nicht bloß intellektuell oder theoretisch. Liebe sie auf persönliche Weise. Liebe diesen Stein und diesen Miniaturtannenbaum und diese Eisscholle. Liebe sie mit Schmerz und Tränen.«

Und so stecke ich mir ein weiteres Lebensziel, nämlich die Natur zu lieben. Diese Liebe ist weder eine Nebensache noch eine Nebenidee, sondern ein ursprüngliches Anliegen. Sie dient dazu, die Schleusentore meines Herzens zu öffnen – statt daß ich verstohlen flüstere oder beschämt bin oder mir töricht vorkomme. Das ist meine Aufgabe, die ich mit tiefster Hingabe in Angriff zu nehmen vermag. Das ist mein Geschenk, das ich der Natur großzügig und mit vollen Händen machen kann.

Ich stehe und betrachte den Cavell-Gletscher. *Auf Wiedersehen, du schöner Geliebter. Wenn ich zurückkomme, bist du vielleicht gar nicht mehr da. Du stirbst.*

Du stirbst ebenfalls, erwidert er. Ein Stachel des Schmerzes und der Traurigkeit durchfährt mich. Er hat recht.

Er ergänzt: *Aus diesem Grunde mußt du jetzt lieben. Du verschwindest irgendwann. Ich verschwinde irgendwann. Nur dieser Augenblick zählt. Liebe jetzt!*

Als ich aufbreche, berühre ich das Schild beim Parkplatz. Darauf steht: »Höhe über dem Meeresspiegel: 11033 Fuß [3310 Meter]. Die Krankenschwester Edith Cavell wurde am 15. August 1915 unter der Anklage, englischen, belgischen und französischen Soldaten über die Grenze geholfen zu haben, von den Deutschen inhaftiert und am 12. Oktober um zwei Uhr morgens hingerichtet. Als der Krieg ausbrach, war sie Oberschwester am Chirurgischen Institut in Brüssel. Sie weigerte sich, ihre Stellung aufzugeben, als die Eroberung der Stadt kurz bevorstand.«

ANMERKUNGEN

Eingangszitat

Seite 7: Martha Friedman (Hg.), *Always, Rachel: The Letters of Rachel Carson and Dorothy Freeman 1952–1964*, Boston 1995 (Beacon Press), S. 231.

Einleitung

Seite 13: James A. Michener, *The Source*, New York 1965 (Random House), S. 153. Deutsche Ausgabe: *Die Quelle*, München 1967 (Droemer Knaur). Die Stelle wurde hier neu übersetzt.

Seite 17: Carl Sherman, »Be Happier! The Totally Natural Way to Lift Your Spirits«, in: *McCall's*, September 1994, S. 124 f.

Seite 18: H. Iltis, »Can One Love a Plastic Tree?«, in: *Bulletin of the Ecological Society of America*, 54 (1973), S. 5–7; zitiert nach *The Biophilia Hypothesis*, Hg. Stephen R. Kellert und Edward O. Wilson, Washington, D. C. 1993 (Island Press), S. 65.

Seite 18: Alan Watts, *Psychotherapy East and West*, New York 1961 (Pantheon Books), S. 96.

Seite 18 f.: Al Gore, *Earth in the Balance: Ecology and the Human Spirit*, New York 1992 (Penguin), S. 366. Deutsche Ausgabe: *Wege zum Gleichgewicht. Ein Marshallplan für die Erde*, Frankfurt/Main 1992 (Fischer). Die Stelle wurde hier neu übersetzt.

Seite 21 f.: Gary Paul Nabhan und Stephen Trimble, *The Geography of Childhood: Why Children Need Wild Places*, Boston 1994 (Beacon Press), S. XXIII f. Das Zitat stammt aus der Einleitung von Robert Coles.

1. Kapitel

Seite 23 f.: Martin Buber, *Ich und Du*, 12. Aufl., Gerlingen 1994 (Lambert Schneider), S. 13 f.

Seite 24: Deepak Chopra, *The Seven Spiritual Laws of Success: A Practical Guide to the Fulfillment of Your Dreams*, San Rafael, Calif. 1994 (Amber-

Allen), S. 23. Deutsche Ausgabe: *Die sieben geistigen Gesetze des Erfolges*, München 1996 (Heyne). Die Stelle wurde hier neu übersetzt.

Seite 36: Thich Nhat Hanh, *Peace Is Every Step: The Path of Mindfulness in Everyday Life*, New York 1991 (Bantam Books), S. 14 f.

2. Kapitel

Seite 46 f.: Ralph Waldo Emerson, *Nature*, zitiert nach: *Nature Walking*, Boston 1991 (Beacon Press), S. 14. Deutsche Ausgabe: *Die Natur. Ausgewählte Essays*, Hg. Manfred Pütz, Stuttgart 1982 (Reclam). Die Stelle wurde hier neu übersetzt.

Seite 47 f.: Henry David Thoreau, *Walking*, zitiert nach: *Nature Walking*, Boston 1991 (Beacon Press), S. 78. Der Essay *Walking* erschien erstmals 1862.

Seite 51 f.: Der Vorschlag, Sorgen über ein bestimmtes Problem auf einen späteren Zeitpunkt zu verschieben, stammt aus der von Aaron Beck und Albert Ellis initiierten kognitiven Therapie.

Diese Technik wird eingehend beschrieben in: Martin E. P. Seligman, *Learned Optimism*, New York 1991 (Alfred A. Knopf), S. 217 f.

Seite 66 f.: Rupert Ross, *Dancing with a Ghost: Exploring Indian Reality*, Markham, Ontario 1992 (Reed Books), S. 40.

Seite 69 f.: Tim Ward, *What the Buddha Never Taught*, Toronto 1990 (Somerville House); Berkeley, Calif. 1993 (Celestial Arts), S. 42.

3. Kapitel

Seite 73 f.: Joseph Campbell mit Bill Moyers, *The Power of Myth*, New York 1988 (Doubleday), S. 5. Deutsche Ausgabe: *Die Kraft der Mythen*, Düsseldorf 1994 (Artemis/Patmos). Die Stelle wurde hier neu übersetzt.

Seite 76: Der Arzt Larry Dossey wird zitiert nach: Liz Lufkin, »Slow Down, You Move Too Fast: The Time-Sickness Cure«, in: *Working Woman*, April 1990, S. 112.

Seite 77: Franz Kafka wird in Rückübersetzung zitiert nach: Deepak Chopra, *The Seven Spiritual*

Laws of Success, S. 20. Der Originalwortlaut der Stelle und der Titel des Originalwerkes ließen sich nicht ermitteln.

Seite 82: Roger Bannister wird zitiert nach: Julia Cameron, *The Artist's Way*, New York 1992 (Putnam), S. 185.

Seite 83: Jon Kabat-Zinn, *Wherever You Go There You Are: Mindfulness Meditation in Everyday Life*, New York 1994 (Hyperion), S. XIII.

Seite 84: Die Technik, den Gedankenfluß zu unterbrechen, kommt aus der von Aaron Beck und Albert Ellis initiierten kognitiven Therapie. Vgl. Martin E. P. Seligman, *Learned Optimism*, S. 217 f.

Seite 84: Stephen Levine, *A Gradual Awakening*, Garden City, N. Y. 1979 (Anchor Books/Doubleday), S. 22.

Seite 88: Jeffrey Gold lehrte diese 4-3-2-1-Technik im Rahmen einer Gruppensitzung über Hypnotherapie in Seattle 1991. Als Erfinder der Technik nannte er Milton Erickson, M. D.

Seite 100: Rabbi Dov Baer wird zitiert nach: Lawrence LeShan, *How to Meditate: A Guide to Self-Discovery*, Boston 1974 (Little, Brown), S. 75.

Seite 101: Luther Burbank wird zitiert nach: Peter Tompkins und Christopher Bird, *The Secret Life of Plants*, New York 1973 (Harper and Row), S. 27 f. Das Zitat stammt aus einem Vortrag, den Burbank vor der American Pomological Society hielt.

Seite 105 f.: Sogyal Rinpoche, *The Tibetan Book of Living and Dying*, New York 1992 (HarperCollins), S. 68 f. Deutsche Ausgabe: *Das tibetische Buch vom Leben und Sterben*, München 1993 (O. W. Barth). Die Stelle wurde hier neu übersetzt. Mehr darüber, wie man den Atem benutzt, um den Geist zur Ruhe zu bringen und zu meditieren, findet man bei Lawrence LeShan, *How to Meditate*, S. 79–82, 86, sowie bei David Fontana, *The Meditator's Handbook: A Comprehensive Guide to Eastern & Western Meditation Techniques*, Rockport, Mass. 1992 (Element), S. 33–36.

Seite 112: R. W. Sanford, »The Personal Nature of Wilderness«, in: *Banff National Park Newsletter*, Summer 1991, S. 8.

Seite 124: Clarissa Pinkola Estés, *Women Who Run with the Wolves: Myths and Stories of the Wild Woman Archetype*, New York 1992 (Ballantine), S. 287. Deutsche Ausgabe: *Die Wolfsfrau*, München 1992 (Heyne), S. 308.

5. Kapitel

Seite 135: Annie Dillard, *Pilgrim at Tinker Creek*, New York 1974 (Harper's Magazine Press), S. 30 f.

6. Kapitel

Seite 148: LeShan beschreibt seine Telefonbuchmethode in *How to Meditate*, S. 92 f.

Seite 148: Swami Ramananda wird zitiert nach: Hilary Sterne, »Feeling More Frazzled Than Festive?«, in: *Self*, Dezember 1994, S. 154.

Seite 148: Diane Ackerman, *A Natural History of*

the Senses, New York 1990 (Random House), S. 205. Deutsche Ausgabe: *Die schöne Macht der Sinne. Eine Kulturgeschichte*, München 1991 (Kindler). Die Stelle wurde hier neu übersetzt.

Seite 154: Annie Dillard, *Pilgrim at Tinker Creek*, S. 34.

Seite 157: »Mit dem Glauben so groß wie ein Senfkorn« ist eine Paraphrase der Bibelstelle Matthäus 17, Vers 20.

Seite 159: Annie Dillard, *Pilgrim at Tinker Creek*, S. 259.

Seite 163 f.: Lenore Friedman, *Meetings with Remarkable Women: Buddhist Teachers in America*, Boston 1987 (Shambhala), S. 42 f., 80.

Seite 165: Justin F. Stone, *The Joys of Meditation*, Albuquerque, N. Mex. 1973 (Far West), S. 34.

Seite 168: Milton Trager und Cathy Guadagno-Hammond, *Trager Mentastics: Movement as a Way to Agelessness*, Barrytown, N. Y. 1987 (Station Hill Press). Auf Seite 9 wird dort der Verschmelzungsprozeß behandelt, auf Seite 10 die Meditation in der Bewegung. Auf Seite 32 sind die grundsätzlichen Fragen aufgelistet.

7. Kapitel

Seite 178: Jon Kabat-Zinn, *Wherever You Go There You Are*, S. 69.

Seite 181 f.: Antoine de Saint-Exupéry, *Le petit prince*, Paris 1945 (Gallimard), Kap. XXV. Deutsche Ausgabe: *Der kleine Prinz*, Düsseldorf 1950, S. 58 f.

Seite 182: Walt Whitman wird zitiert nach: Lawrence LeShan, *How to Meditate*, S. 88.

Seite 190 f.: Julia Cameron, *The Artist's Way*, S. 53.

Seite 191: Alan Watts, *Psychotherapy East and West*, S. 112, 173.

8. Kapitel

Seite 194: Die Ameise, die Heuschrecke und die Krähe sind Gestalten in Äsops Fabeln.

Seite 195: Hiob 12, Vers 7–8.

Seite 195: Das Zitat aus Dogens Hauptwerk »Shobogenzo« findet sich bei Allan G. Grapard, »Nature and Culture in Japan«, in: *Deep Ecology*, Hg. Michael Tobias, San Diego 1985 (Avant Books), S. 248.

Seite 209: Das Zitat aus Stuart Udalls Buch *The Quiet Crisis* (1963) findet sich bei George Sessions, »Ecological Consciousness and Paradigm Change«, in: *Deep Ecology*, Hg. Michael Tobias, S. 35.

9. Kapitel

Seite 215: Albert Schweitzer, *Die Weltanschauung der indischen Denker. Mystik und Ethik*, München 1935 (Beck). Das Zitat wurde hier aus der amerikanischen Ausgabe, *Indian Thought and Its Development*, Gloucester, Mass. 1936 (Beacon Press), S. 35, rückübersetzt.

Seite 227: Gregory Bateson, »Language and Psychotherapy«, in: *Psychotherapy*, Bd. 21, S. 100. Zitiert nach: Alan Watts, *Psychotherapy East and West*, S. 124 f.

Seite 232 f.: Das Zitat von Albert Einstein findet sich in den Ausführungen der Herausgeber des Bandes *Random Acts of Kindness*, Berkeley, Calif. 1993 (Conari Press), S. 45.

10. Kapitel

Seite 237 f.: Ralph Waldo Emerson, *Nature*, : nach: *Nature Walking*, Boston 1991 (Be Press), S. 3.

11. Kapitel

Seite 263: Steven S. McFadden, *Profiles in Wisdo Native Elders Speak about the Earth*, Santa Fe N. Mex. 1991 (Bear & Co.), S. 124.

Seite 265 f.: Thomas Berry, *The Dream of the Earth*, San Francisco 1988 (Sierra Club Books), S. 1 f.

Seite 268: Das Zitat aus *John of the Mountains: The Unpublished Journals of John Muir*, Hg. L. M. Wolfe, findet sich in: *A Dictionary of Environmental Quotations*, Hg. von Barbara K. Rodes und Rice Odell, New York 1992 (Simon & Schuster).

itiert
ıcon

ıKSAGUNG

ıte ich meinen Eltern danken. einer Großstadt lebten, gelang es ∟iebe zur Natur zu wecken und zu nahm uns in seinen kurzen Ferien nen Stellen im Grünen, und Mutter immer wieder auf die winzigen Wunnde des Weges aufmerksam.

ɟem bedanke ich mich bei meiner größeılie: bei all den Mitgliedern von *The Nature vancy*, vom *Sierra Club*, von der *National ɔon Society*, von den *Mountaineers* sowie bei anderen – kleinen oder großen – Gruppen, sich bemühen, die natürliche Lebenswelt zu nützen und die Menschen zu einer respektvolen Einstellung zur Natur zu bewegen. Sie alle bilden ein Netzwerk, das dieses Buch erst ermöglicht hat. In diese Familie beziehe ich auch die indianischen Kulturen mit ein, die das ökologische Gleichgewicht der Erde bewahrt haben, und sämtliche Umweltschützer, die uns vorangegangen sind.

Meine Agentin Kay Kidde gab mir äußerst wertvolle Anregungen, und ihr »Bravo!« nach jeder Überarbeitung des Textes machte mir stets Mut. Ich schätze ihre Hingabe und ihren unerschütterlichen Glauben an das Buch. Ihre Kollegin Laura Langlie war mir eine unversiegbare Quelle der Ermunterung und des Wissens.

Nancy Manahan und meine Schwiegermutter, Impy Weir, redigierten nicht nur einzelne Abschnitte des Manuskripts; durch ihre Liebe haben sie es gleichsam zur Welt gebracht.

Darüber hinaus danke ich dem enthusiastischen Team bei Hazelden und insbesondere meiner Lektorin Kate Kjorlien für deren Beitrag zur Klarheit und Schönheit dieses Buches.

Dank auch an die Penfields und die Foxes – Jim, Georgia, Kedzie, Jane und Kate –, daß sie Beachwood mit mir teilten.

Ebenso an Susan Johnson, Linda Damico, Sherrod Mohr und Tina Bammes für das erste Feedback; an Mondi Mallory und Connie Wolfe für die geistige Unterstützung; an Kate Thayer, Joan Allen, Taen Sherer und Barbara Morgan für den unermüdlichen Ansporn und Zuspruch.

Und zu guter Letzt danke ich meiner Partnerin Sandra Jo, die nicht nur jeden Schritt mit mir gegangen ist, sondern oft auch die Ausrüstung tragen mußte.